# 编 委 会

# 社区矫正工作实务

主审　盛永彬

主编　马　辉　周静茹

暨南大學出版社
JINAN UNIVERSITY PRESS
中国·广州

**图书在版编目（CIP）数据**

社区矫正工作实务/马辉，周静茹主编.—广州：暨南大学出版社，2008.8（2013.7重印）

ISBN 978-7-81135-071-5

Ⅰ.社…　Ⅱ.①马…②周…　Ⅲ.社区—监督改造—研究—中国　Ⅳ.D926.7

中国版本图书馆CIP数据核字(2008)第107761号

**出版发行：暨南大学出版社**

---

**地　址**：中国广州暨南大学
**电　话**：总编室（8620）85221601
营销部（8620）85225284　85228291　85228292（邮购）
**传　真**：（8620）85221583（办公室）　85223774（营销部）
**邮　编**：510630
**网　址**：http：//www.jnupress.com　http：//press.jnu.edu.cn

---

**排　版**：广州市天河星辰文化发展部照排中心
**印　刷**：暨南大学印刷厂

---

**开　本**：787mm×960mm　1/16
**印　张**：8.625
**字　数**：167千
**版　次**：2008年8月第1版
**印　次**：2013年7月第3次
**印　数**：5001—6000册

---

**定　价**：19.00元

---

**（暨大版图书如有印装质量问题，请与出版社总编室联系调换）**

# 目 录

# 前　言

刑罚的历史演进过程所显示的规律是：从普遍使用生命刑、肉刑，过渡到以自由刑为中心的现代监禁刑，再由监禁刑过渡到罚金、缓刑、半监禁等中间刑罚及社会化行刑方式。这个过程反映了人类刑罚观念的不断发展和进步，体现了刑罚轻缓化和行刑社会化的时代潮流。而社区矫正更是当今世界非监禁刑理论和实践中发展最快的领域。自20世纪下半叶以来，这种新的刑罚执行方式在不少国家和地区已经成为刑罚执行的发展趋势。

在我国，以最高人民法院、最高人民检察院、公安部、司法部在2003年7月联合下发的《关于开展社区矫正试点工作的通知》为标志，国家正式启动了社区矫正试点工作，在北京、天津、上海、江苏、浙江和山东6个省（市）开始了社区矫正工作的尝试。2005年，我国又新增12个省（市、自治区）作为社区矫正的试点省份。至此，我国已有18个省份投入到社区矫正工作的建设中来。

但是，社区矫正工作在我国总体上还处于摸索阶段，从对社区矫正理论的认识到实践中的具体操作规程还不很成熟。如何看待社区矫正，特别是如何在实践中做好社区矫正工作，是我国当前进一步全面开展社区矫正急需解决的问题。基于此，我们组织了部分骨干教师编写了本书。

本书在对社区矫正基本理论进行介绍的基础上，将重点放在了社区矫正的工作实务方面，突出了实践性、操作性，使读者在知道了为什么的基础上，更能获得做什么、如何做的现实指导。

社区矫正工作包括接收、执行、考核与奖惩、解除等环节。这些前后相继的工作环节，构成了本书的基本内容和基本线索。另外，由于社区矫正需要相关组织和工作者来开展，对社区矫正工作需要制作和管理台账、档案与文书，因此这些内容也是本书的重要组成部分。

本书由盛永彬主审，马辉、周静茹主编。具体编写分工如下（以编写章节为序）：马辉编写第一章、第六章、第十章；周静茹编写第二章、第三章；刘树桥编写第四章；江俊蓉编写第五章；林红编写第七章；罗平娥编写第八章；雷绍玲编写第九章。

本书在编写过程中，参阅了不少社区矫正试点地方的规定，借鉴了有关专家学者的研究成果。在走访、调查过程中得到了深圳市、江门市司法局等单位的大力帮助和配合。在此，我们一并表示诚挚的谢意。

由于时间紧迫，加之作者水平有限，书中难免有疏漏、不足之处，敬请读者朋友们批评、指正。

编　者

2008 年 5 月

# 第一章　社区矫正概述

## 第一节　社区矫正的概念、特征与原则

### 一、社区的概念

要理解社区矫正这个概念，必须首先理解社区的概念。“社区”一词是由英文 community 翻译过来的。现在一般认为，社区是进行一定社会活动、具有某种互动关系和共同文化维系力的人类群体及其活动领域。①

社区包括三个要素：

1. 地域要素

社区必须建立在一定的地域范围之内，而且一个社区的地域范围应当是相对稳定的。如果某人群，其人数众多，内部关系也很密切，却没有相对独立、固定地占据某个地域，该人群就不能称之为一个社区。例如，会员众多的学会、协会和网络上的“QQ 群”等，都不是社区。

2. 人口要素

社区的存在总是离不开一定的人群。一座孤岛、一片沙漠，不管面积有多大，如果没有人的群体相对固定地生活在那里，也不能算作一个社区。

3. 关系要素

社区中的人们，由于长期生活在一个共同的区域范围内，会在很多方面有着共同的利益，面临共同的问题，如社区环境问题、安全问题、交通问题等。社区中的人们在生产、生活、文化等方面也必然会形成或多或少的联系，产生这样或那样的关系。

那么，一个社区究竟有多大？或者说，要有多少人，需要多大的空间区域才能算作是一个社区呢？应该说，社区的大小不管是在地域方面，还是在人口方面，都没有也不可能有一个确定的、通用的标准，而且社区本身就是一个包含层次性的概念。就我国目前的情况来说，一般将城市里的居委会、农村的村委会所辖范围看作一个社区。

---

① 郭建安，郑霞泽. 社区矫正通论［M］. 北京：法律出版社，2004. 4

## 二、社区矫正的概念

2003年7月10日，最高人民法院、最高人民检察院、公安部和司法部联合下发了《关于开展社区矫正试点工作的通知》（以下简称《通知》）。《通知》较为详细和准确地表述了社区矫正的概念："社区矫正是与监禁矫正相对的行刑方式，是指将符合社区矫正条件的罪犯置于社区内，由专门的国家机关在相关社会团体和民间组织以及社会志愿者的协助下，在判决、裁定或决定确定的期限内，通过思想改造和劳动改造，矫正其犯罪心理和行为恶习，并促进其回归社会的非监禁刑罚执行活动。"

这一概念是对社区矫正如下几个要素的概括：

1. 社区矫正的对象

社区矫正的对象，是符合社区矫正条件，被置于社区内进行改造、矫正的罪犯。具体来说，包括五种罪犯：被判处管制的；被宣告缓刑的；被暂予监外执行的；被裁定假释的；被剥夺政治权利并在社会上服刑的。

2. 社区矫正的主体

社区矫正的主体，主要是专门的国家机关，包括司法行政机关、公安机关等。同时，相关社会团体和民间组织以及社会志愿者也参与、协助社区矫正工作。



3. 社区矫正的目的

社区矫正的目的，是通过思想改造和劳动改造，矫正罪犯的犯罪心理和行为恶习，并促进其回归社会。

4. 社区矫正的性质

社区矫正的性质，是非监禁刑罚执行活动，是与监禁矫正相对的行刑方式。

## 三、社区矫正的特征[①]

与监禁矫正相比，社区矫正主要有下列特征：

1. 刑事制裁性

社区矫正虽然是在社区内进行，但它仍然是对犯罪人的一种刑事制裁。社区矫正的对象是罪犯。个人实施了犯罪行为，是对其采取社区矫正措施的前提；对于没有实施犯罪行为的人，不得采取社区矫正措施。由于社区矫正是一种刑事制裁，它必然包含着对犯罪人的惩罚性。其惩罚性突出表现为：

---

① 郭建安，郑霞泽. 社区矫正通论［M］. 北京：法律出版社，2004. 7～10

（1）社区矫正对象要服从管理和监督。如被判处管制的犯罪人，要遵守法律、行政法规，服从监督；要遵守执行机关关于会客的规定等。

（2）社区矫正对象的人身自由和行动受到一定限制。如被宣告缓刑的犯罪人，离开所居住的市、县或者迁居，应当报经考察机关批准。

（3）社区矫正对象不能行使某些权利。如被剥夺政治权利的犯罪人，除了不得行使言论、出版、集会、结社、游行、示威自由权外，还不得行使选举权和被选举权，不得担任国家机关职务，不得担任国有公司、企业、事业单位和人民团体的领导职务。

（4）社区矫正对象必须履行一定的法律义务。如参加学习、接受教育、定期报告活动情况等。

2. 非监禁性

社区矫正是与监禁矫正相对的，非监禁性是其根本特征之一。社区矫正的对象是服刑中的罪犯，但这些罪犯服刑的地点不是在监狱、看守所等监禁地点，而是在社区中。社区矫正的非监禁性主要表现为：

（1）社区矫正对象在矫正期间未被监禁、羁押。

（2）社区矫正对象仍然可以居住在自己家中，他们的工作和生活不会因服刑受到太大干扰。

（3）社区矫正对象的人身自由会受到一定的限制，如不得随意迁居等，但仍然保留着很大程度的行动自由，其工作、学习、生活基本上可以正常进行。

3. 社区参与性

社区矫正是在社区中进行的罪犯矫正。社区矫正的社区参与性，是指社区矫正对象与社区中的生活密切结合的特性。社区矫正的社区参与性主要表现为两个方面：

（1）社区矫正对象对社区活动的参与。社区矫正对象生活在社区中，其对社区生活的参与是必然的；而且，社区矫正对象还要参加不同形式的社区公益劳动，如卫生、绿化、公用设施的维护等。这些参与活动一方面服务了社区，另一方面也是对其进行教育矫正的重要措施。

（2）社区各方面力量对罪犯矫正的参与。在社区矫正中，要充分利用社区的力量，包括社区基层组织、社区志愿人员等，这些社区力量的参与在社区矫正工作中发挥着重要的作用。社区中的有关机构、设施等，是社区矫正可以利用的重要资源。社区中的居民在对社区矫正对象的监督、帮助方面也有重要作用。

4. 惩罚的宽缓性

社区矫正属于刑事制裁，必然有一定的惩罚性，但相对于监禁矫正，它的惩罚性显然宽缓了许多。其主要表现为：

（1）社区矫正对象的人身自由只是受到一定的限制，并没有被剥夺，其个人自主性、隐私、安全感等方面遭受的痛苦是轻微的。

（2）社区矫正打击面相对较小。监禁矫正会造成罪犯配偶、亲人、所在单位等间接地遭受打击的后果，而社区矫正可以在很大程度上避免这种后果。社区矫正对象本人则不需与家人分离，不必承担两性隔离、亲朋不能相聚的痛苦。

当然，社区矫正惩罚的宽缓性不是无限度的，宽缓不等于没有惩罚性。

**四、社区矫正的工作原则**

目前，我国的社区矫正工作尚处于尝试、探索的阶段。在这一阶段中，社区矫正工作的指导思想是：以邓小平理论和“三个代表”重要思想为指导，深入实施依法治国基本方略，牢固树立和落实科学发展观，按照“两院”、“两部”《通知》的要求，认真总结我国各地同刑事犯罪作斗争的经验，在维护国家法制统一的前提下，解放思想，求实创新，积极探索具有时代特征、中国特色的社区矫正工作模式，不断促进刑罚执行制度体系的发展和完善，最大限度地预防和减少犯罪，为加强社会主义民主法制建设、构建社会主义和谐社会作出应有的贡献。当前，在社区矫正试点工作中，必须坚持以下基本原则：



1. 坚持依法矫正与改革创新相结合的原则

社区矫正是刑罚执行活动，必须依法进行。社区矫正各环节、各方面都必须符合法律、法规的要求。相关机关，包括审批机关、检察机关、公安机关、司法行政机关等，都应当严格按照刑法、刑事诉讼法等法律、法规的规定，履行刑罚适用、执行与法律监督的职责。社区矫正工作必须合法，这是确保刑罚执行的统一性、严肃性的前提。

但是，由于我国的社区矫正工作开展的时间不长，关于社区矫正的立法还不够完备，而且法律也不可能对社区矫正工作中的许多具体操作问题都作出十分详尽的规定。这就要求各地在试点工作中，要在现行法律的基本框架内，积极探索和尝试社区矫正工作的有效途径、方式和方法，建立健全社区矫正的各项规章制度，推动社区矫正工作的健康发展。

2. 坚持专门机关工作与社会化运作相结合的原则

社区矫正中的许多工作都必须由专门机关依法定职权和程序进行，人民法院、人民检察院、公安机关、司法行政机关等专门机关在社区矫正工作中发挥着主导性的作用。

社会化是社区矫正的重要特点和优势之所在。社区组织、志愿者等社会力量对社区矫正工作的广泛参与，矫正对象对社会生活的参与等，这些社会化运作方式对社区矫正工作具有重要意义。当然，社会化运作与专门机关工作并不矛盾，两者不能相互取代，必须紧密结合。

3. 坚持分工负责、密切协作与提高效能的原则

社区矫正工作涉及的部门、组织和人员较多。各部门、各有关单位和社会各个方面要结合各自职能，各司其职、相互配合。通过相互支持与合作，形成合力，提高社区矫正工作的效能。

4. 坚持公开透明、接受监督的原则

社区矫正从其裁判、决定到实施，从对矫正对象的分级处遇到考核、奖惩等，都与矫正对象等相关人员的利益息息相关。有利益存在的地方，就往往会诱发权力或权利主体不择手段地获取不正当利益。因此，在社区矫正工作的各个环节中，客观地讲，都比较容易滋生腐败和不正之风。正因为这样，社区矫正的全过程必须增强工作的透明度，接受社会、群众监督，以促进社区矫正依法、公正、有序地开展。当然，公开透明不是没有范围和限度的，社区矫正中的有些事实或材料，如矫正对象的个人隐私等，是需要矫正机关为其严格保密的。

## 第二节　社区矫正的理论与现实依据

刑罚的历史演进过程所显示的规律是，从普遍使用生命刑、肉刑，过渡到以自由刑为中心的现代监禁刑，再由监禁刑过渡到罚金、缓刑、半监禁等中间刑罚及社会化行刑方式。这是世界各国刑罚制度的普遍发展趋势，反映了人类刑罚观念的不断发展和进步。自 20 世纪下半叶以来，社区矫正在西方国家以及中国的香港、台湾等地区，得到了普及和发展。中国内地目前也在着力发展社区矫正。那么，中国为什么要发展社区矫正呢？其理论和现实依据至少包括下列几个方面：

### 一、社区矫正理论依据的相对充分与成熟

理论是实践的反映，是对实践的总结、反思和预测。科学的、具有前瞻性的理论往往可以成为引导和推动实践发展的重要力量。社区矫正在我国的启动与发展当然离不开理论的论证和指引。目前，学界对社区矫正理论依据的论证已经比较充分和成熟。

社会学理论认为，犯罪是由社会多种因素交合作用而生成的独特社会现象。从某种意义上讲，犯罪是社会使然。因此，社会在运用刑罚处置罪犯的同时，有责任尽可能创造有利于他们回归社会的条件，有责任帮助他们消除犯罪的动因和能力，使他们重新适应正常的社会生活。要达到此目的，就应使罪犯

置身于多种良性社会关系所构成的特定社会环境中，使罪犯在其中找到自己的归宿。该理论还认为，人的成长过程就是一个社会化的过程，罪犯之所以会犯罪是因为其社会化的过程有缺陷，因此，罪犯要重新融入社会，就需要进行"再社会化"。"再社会化"既然是一种社会化，而不是非社会化，就需要在社会的基础上进行，不能脱离社会。而社区矫正模式显然更有利于罪犯的"再社会化"。[①]

刑罚学理论本身的诸多新发展则为社区矫正提供了更加直接和强有力的理论支撑。

1. 刑罚人道主义

人道主义是刑罚轻缓化乃至最终实现非刑罚化的价值理念基础。刑罚人道主义要求关心与改善罪犯的物质生活，保护与尊重罪犯的人格尊严，禁止把人当作实现刑罚目的的工具，禁止使用残酷而不人道及蔑视人权的刑罚手段，使罪犯的人格得到改造并健康发展。社区矫正正是契合了人道主义和人权保障的价值理念。

2. 刑罚谦抑思想

启蒙运动以后，随着理性主义的兴起，刑罚谦抑思想开始主导西方的刑事政策，我国在 1997 年刑法修订中对该思想也有了吸收和体现。德国学者耶林指出："刑罚如两刃之剑，用之不得其当，则国家和个人两受其害。"[②]刑罚谦抑思想滥觞于对刑罚尤其是监禁刑的固有弊端之认识。该思想要求刑罚进一步收缩，对刑罚的启动持更为审慎的态度。发展社区矫正，尽可能地缩小监禁刑的使用是刑罚谦抑思想的重要体现。

3. 深化的复归理论

这种理论首先认为所有罪犯都是可以复归的，矫正的任务包括在犯人和社区之间建立或重新建立联系，使罪犯回归社会生活。而由于犯罪是社会多种因素共同作用的结果，改造罪犯也必须使其置身于由多种社会关系构成的特定的环境中，从事多方面的社会实践。在罪犯复归社会的前后，只有充分调动社会一切积极因素，合力帮助、教育改造和防范犯罪分子，才能巩固和保证刑罚执行的效果，保证刑罚目的的实现。

4. 行刑经济性原则

该原则要求刑罚的执行应追求以尽可能少的刑罚和尽可能低的行刑成本，来获得尽可能多的行刑效果。有学者将行刑经济性原则的基本要求概括为"少



① 陈和华，叶利芳. 社区矫正的理论分析［J］. 犯罪研究，2006（4）

② 林山田. 刑罚学［M］. 台北：台湾商务印书馆，1983. 127

刑高效"、"不刑有效"以及"一刑多效"。[1]发展社区矫正，减少监禁刑的执行，首先可以直接节约刑罚资源、降低行刑成本。一般来说，监禁矫正的成本远高于社区矫正的成本。据估算，我国每监禁1名犯罪人的年平均费用可能要超过1万元。[2]据有关资料显示，国外非监禁刑的执行费用通常只是监禁刑执行费用的几分之一至十几分之一。其次，发展社区矫正还有利于行刑资源的合理配置，通过减少监狱内服刑人员的数量，缓解监狱拥挤的状况而间接地提高监禁矫正的质量。

另外，社会福利思想、大社会观念、犯罪学上的标签理论以及教育刑理论、刑事补偿理论、两极化的刑事政策理论等，也都从不同层次和角度论证了社区矫正的正当性、合理性和必要性。

### 二、社区矫正本身有相对于监禁矫正的明显优势

社区矫正是相对于监禁矫正而言的。监禁刑取代肉刑，是人类文明的重大进步，但近200年监禁矫正的历史也使人们逐步认识到，监禁刑存在诸多弊端，监禁刑的执行方式与其目的之间存在着悖论。对罪犯予以监禁的目的，不单纯是为了报应，更主要的是为了教育和改造犯罪人，使其"再社会化"，从而顺利回归社会。但采取机构化、封闭性、毫无自主性的监禁方式，很难使罪犯再社会化；相反，却容易导致监狱化[3]的结果。刑罚是作为犯罪的对立面而存在的，监狱行刑以预防、减少犯罪为根本目的。但实际上，监狱特殊的环境又使监狱本身成为"犯罪的学校"。监禁刑的这种悖论是监禁刑本身所固有的矛盾性。另外，监禁刑还具有成本高昂、打击面过大（使一部分罪犯家属、所在单位等无辜者遭受损害）、影响对受害者的经济补偿等弊端。

社区矫正在保持其刑罚执行属性的同时，将罪犯放在社区内，而不是送入监禁机构中，这就最大限度地避免了监禁矫正的弊端。相对于监禁矫正，社区矫正的优势是明显的。

（1）社区矫正可以从根本上避免犯罪者的监狱化，使其免受监狱亚文化的直接影响。

（2）社区矫正可以减轻犯罪者的犯罪"标签化"效应，弱化犯罪者的仇视、对抗、报复心理，保持犯罪者与家庭、朋友、社会的正常联系，有利于罪

---

① 周红梅. 刑罚执行论［M］. 沈阳：辽宁人民出版社，1993. 84

② 吴宗宪等. 非监禁刑研究［M］. 北京：中国人民公安大学出版社，2003. 8

③ 监狱化（prisonization）是美国社会学家唐纳德·克莱默（Donald Clemmer）在《监狱社会》（1940年出版）一书中提出的概念。按照克莱默的观点，监狱化是指作为个体的罪犯对监狱文化的学习与内化的过程，监狱化的核心内容和主要结果是罪犯对监狱亚文化的学习与接受。

犯融入正常社会生活，加速其再社会化的过程。

（3）社区矫正在监督、管理的同时更加注重咨询、治疗、帮教，通过这些手段，有助于解决犯罪者的实际问题，减少乃至消除其犯罪的原因，使其“不需犯罪”，乃至“不愿犯罪”。

（4）社区矫正更加经济，可以大大降低行刑成本。

（5）社区矫正可以减少监禁人数，缓解日益严重的监狱过度拥挤现象，从而有利于间接地提高监禁矫正的质量。

（6）社区矫正可以保持犯罪者的正常工作状态，而且犯罪者还要为社区提供无偿的社区公益性劳动，这有利于犯罪者对受害人和社会的赔偿与补偿。

以上这些都是社区矫正比较具体和直接的价值和优势，如果从更为宏观和间接的角度来讲，社区矫正还有利于提高我国刑罚制度的文明程度，有利于社会主义和谐社会的建设，有利于提升我国的国际形象等。

### 三、国际社会对社区矫正的积极推行

刑罚应趋于人道化、轻缓化、社会化的思想，使社区矫正在国际上得到广泛的接受和推行。联合国的数次大会及其通过的数个国际条约，都直接或间接地倡议了社区矫正的发展。



1955 年，在日内瓦举行的第一届联合国预防犯罪和罪犯处遇大会，通过了《关于开放式监所和矫正机构的建议》（以下简称《建议》），其描述的开放式监所和矫正机构的特点是：没有防止囚犯逃跑的物质措施和人员措施，是建立在囚犯自觉遵守纪律和对其所在群体生活负责的基础上的。《建议》认为，开放式监所和矫正制度有助于减少短期监禁的缺陷，因此，建议在符合有关条件的情况下，把开放式监狱制度扩展到最高限额的囚犯。①

1966 年，第 21 届联合国大会通过了《公民权利和政治权利国际公约》（以下简称《公约》），这是国际人权法体系中最重要的法律文件之一，它确立了刑事司法领域的一些最基本的人权标准。该公约规定，应对罪犯给予人道并尊重其固有的人格尊严，对已决犯和未决犯、成年犯和少年犯应分别关押和处遇，监狱制度的宗旨应以争取囚犯改造和社会复归为基本目的。《公约》体现了主张刑罚人道化、社会化的立场。

1980 年，联合国以“减少关押的矫正及其对剩余囚犯的影响”为主题，召开了第 6 届联合国预防犯罪和罪犯处遇大会。大会秘书处的工作报告指出，刑事司法要尽量减少关押人犯，因为监狱的特性与其使犯罪人康复的功能具有内在矛盾

---

① 谢望原. 西欧探寻短期监禁刑替代措施的历程［J］. 政法论坛，2001（2）

性；我们应当寻求在“狱外”或“不用监狱”来改造罪犯。大会还通过了《制定青少年罪犯审判和司法最低限度标准》的决议，倡导严格限制对青少年犯的监禁刑适用，提出：任何青少年犯不得被关进监所，除非被判情节严重者。

1990年，第8届联合国预防犯罪与罪犯处遇大会通过了《非拘禁措施最低限度标准规则》，为非拘禁措施的适用和执行提供了基本的国际准则。该规则主张社区在更大程度上参与刑事司法管理工作，将采用非拘禁措施看作是向非犯罪化和非刑罚化方向努力的一部分，倡导各国扩大采用非拘禁措施，减少使用监禁办法的程度。

### 四、其他国家开展社区矫正的宝贵经验

现代社区矫正制度诞生于20世纪70年代末的欧美国家。当今，社区矫正这种刑罚执行方式已被世界上的许多国家所接受并成为其主要的行刑方式。根据我国司法部预防犯罪研究所统计的数字，仅就缓刑和假释两项，2000年加拿大适用社区矫正的比例最高，达到79.76%，澳大利亚为77.48%，新西兰为76.15%，法国为72.63%，美国为70.25%，英国和日本也超过了50%，韩国和俄罗斯的比例较低，但也分别达到了45.9%和44.48%。这些数据表明，世界主要国家处于社区矫正中的罪犯人数已经超过了监禁人数，这和我国监禁人数占绝大多数的情形形成了鲜明的对比。

外国的做法并非都是对的，也并非都适合我国的国情。但社区矫正在这么多的国家中得到广泛的推行，无疑是从事实的角度有力地表明了社区矫正的生命力。这些国家在社区矫正方面所积累的许多成功经验是值得我们借鉴的。如法律规范的相对健全，人员、机构、经费保障的相对有力，以及矫正措施的多样和体系的完备等。

以上这些因素从不同的方面为我国推进社区矫正提供了依据，增强了我们推进社区矫正的愿望、信心和决心，这些因素的有机结合构成了我国发展社区矫正的动力。

## 第三节　我国社区矫正的发展状况

### 一、我国社区矫正的起步与试点开展情况

社区矫正是一个外来语，尽管我国过去没有使用社区矫正这个名称，在相关立法中也没有出现“社区矫正”这一提法，但在我国的刑罚制度中，已经包含了社区矫正的一部分实质内容，如管制、缓刑、假释等。由于各种原因，我国这些非监禁刑的适用比例与其他国家相比，一直明显偏低。根据最高人民法

院统计，2000年全国各级法院判处刑罚的罪犯总数为646 431人，其中被判处管制的为7 822人，占1.21%，缓刑适用率为15.85%。有一些法院甚至几乎不采用缓刑这种刑罚方法。假释23 550人，假释率为1.63%。根据司法部监狱管理局统计，2001年全国监狱系统监外执行的罪犯是在押犯总数的1.13%。

2001年5月，河北省石家庄市长安区人民检察院审查起诉部门向涉嫌盗窃的未成年犯罪嫌疑人黎明（化名）下达了一个特殊的法律文书——“社区服务令”，指令黎明到光达居委会（化名）进行无薪社会服务，服务期限为2个月。同年8月，该院出台了《关于实施“社区服务令”暂行规定》。根据这一规定，对符合不起诉条件的未成年犯罪嫌疑人，由检察机关下达“社区服务令”，推荐其到社会公益性机构，由检察机关聘用的辅导员对其进行思想感化教育，并使其在规定时间内从事有益的无薪工作，对社会作出一定的补偿。检察机关根据未成年犯罪嫌疑人在社会服务期间的工作表现，决定是否对其作出不起诉处理。这就是我国内地最早的“社区服务令”。严格来说，这并不是真正意义上的社区矫正，而是检察机关对符合不起诉条件的未成年犯罪嫌疑人的一种附条件的不起诉。但它毕竟是“社区服务令”这一新鲜处理方式的第一次出现，因此，有人称其开创了我国内地社区矫正之先河。

2002年初，司法部组成了社区矫正制度研究课题组，对国内外的有关经验和做法进行了大量深入细致的研究；同年8月，课题组完成了《关于改革和完善我国社区矫正制度的研究报告》，该报告得到了国家领导人和相关部门的高度重视和支持。随后不久，社区矫正工作被列为我国司法体制和工作机制改革的内容之一。

国内比较规范且较为成型的社区矫正试点工作最先在上海展开。2002年7月，上海市的普陀区曹杨街道、徐汇区斜土街道、闸北区宝山街道开展了社区矫正工作试点；2003年3月，南京市玄武区人民法院少年法庭开始尝试对一些未成年被告人暂缓判决或是在判处有期徒刑、拘役并宣告缓刑后发出“社区服务令”；2003年6月，北京市开始在东城、房山、密云三个区县的47个街道、乡镇对监外执行罪犯开展社区矫正工作。

由于社区矫正工作欠缺法律依据，各地的试点工作在许多方面存在一定问题，各地在具体做法上差异也很大。为此，2003年7月10日，最高人民法院、最高人民检察院、公安部和司法部联合下发了《关于开展社区矫正试点工作的通知》，明确在北京、上海、天津、江苏、浙江和山东6个省（市）进行社区矫正的试点工作，这标志着社区矫正在我国已进入实质性的试点阶段。《通知》明确了社区矫正的定义、意义、适用对象、任务等重要问题。《通知》发布以后，首批试点的6个省（市）中除北京、上海已先期开展社区矫正试点工作外，其他4个省份相继启动了社区矫正试点工作。

2005年1月20日，最高人民法院、最高人民检察院、公安部、司法部联合印发了《关于扩大社区矫正试点范围的通知》，决定将河北、内蒙古、黑龙江、安徽、湖北、湖南、广东、广西、海南、四川、贵州、重庆12个省（市、自治区）列为全国第二批社区矫正试点地区。这样，我国社区矫正试点范围达到了18个省（市、自治区）。同时，该通知还要求首批试点的6个省（市）尽快将试点范围扩大到整个辖区。

依照《广东省社区矫正试点工作方案》，广东省的社区矫正试点从2005年5月开始，首批试点范围是在广州、深圳、江门各选定2个区及湛江市赤坎区。

社区矫正试点工作开展以来，应当说，总体情况是良好的。各地成立了社区矫正的领导机构，陆续出台了一些社区矫正的具体实施规范，初步建立了社区矫正的队伍，在许多方面作出了有益的探索，积累了许多成功的经验。

## 二、我国社区矫正发展的困难与对策

虽然世界上的许多国家社区矫正的发展已经比较成熟，但是在我国，社区矫正尚处于探索、试点阶段。作为一个新生事物，社区矫正在我国的发展不可避免地会遇到许多困难。客观、全面地分析、认识这些困难，并在此基础上研究、探讨克服困难的对策，有着十分重要的理论和现实意义。

### （一）当前我国社区矫正发展所面临的主要困难

目前，在我国社区矫正的发展过程中，还存在着许多方面的困难，这些困难因素从不同层面、不同程度制约、阻碍着社区矫正的发展。

#### 1. 重刑主义传统的消极影响

我国是一个受重刑化观念影响较深的国家。重刑思想的源头至少可以追溯到春秋战国时期。从刑罚指导思想看，法家思想源远流长，长期盛行，导致在社会控制方面过度依赖重刑威吓。商鞅不但主张重刑威吓是刑法的目的，而且希望通过重刑消灭犯罪而达到“以刑去刑”的境界。韩非子也主张刑罚重在杀一儆百的威吓。基于这些论调，甚至还出现了“轻罪重刑说”，认为重罪轻刑固然足以纵罪容恶，就是重罪重刑、轻罪轻刑仍是无济于事，不能止奸去恶。[①] 如《商君书·说民》中所言：“行刑重其轻者，轻者不生，则重者无从至矣，此谓治之于其治也，行刑重其重者，轻其轻者，轻者不止，则重者无从止矣，此谓治之于其乱也。”法家这种过分强调目的的一般预防理论，对于我国数千年来的刑事政策产生了极为深远的影响。作为我国封建正统思想的儒家，在名

① 林山田. 犯罪问题与刑事司法［M］. 台北：台湾商务印书馆，1982. 151

义上是注重道德教化对防止犯罪的作用，而反对单纯依靠重刑镇压来维护社会秩序，但实际上奉行的却是严刑峻法，只是为冷酷无情的刑罚镇压罩上一层“温情脉脉的面纱”而已。

受这些传统观念的影响，重刑主义至今在我国仍然颇有地位，重刑优于轻刑的观念广为人们所接受。一次次的“严打”运动都“顺应民心”，而很少受到民众的质疑，在社会治安状况比较严峻的情况下，公众要求“严打”的呼声还很强烈，这些都反映了重刑主义的深刻、广泛影响。

轻缓化是社区矫正相对于监禁矫正的突出特点，与刑罚轻缓化背道而驰的重刑主义思想必然会从各个方面阻碍社区矫正的发展。在刑事立法方面，我国的刑罚结构属重刑结构，非监禁刑在刑罚体系中居于次要地位；在刑事司法和刑罚执行方面，对管制、缓刑、假释、监外执行等都采取极为谨慎乃至保守的态度，使它们的适用率明显偏低；更重要的是，重刑主义的广泛影响，会导致人民群众乃至一部分司法工作者，从思想深处难以认同和接受社区矫正。

2. 社区矫正立法的相对滞后

我国的《刑法》、《刑事诉讼法》和《监狱法》对管制、拘役、假释、剥夺政治权利、暂予监外执行等都有规定，它们构成了我国当前适用社区矫正的基本法律框架。但是，社区矫正仅有《刑法》、《刑事诉讼法》和《监狱法》的规定是远远不够的，因为社区矫正的执行活动是十分复杂的，其内容不仅有行刑与惩罚，还有教育与矫正，更有帮助与服务。因此，世界上开展社区矫正的国家或地区均对社区矫正本身予以立法完善，其具体形式包括专门的刑事执行法、专门的社区矫正的法律和单独的社区矫正法规。[①]我国目前尚没有这些形式的社区矫正法。2003年“两院”、“两部”联合下发的《通知》及各试点省、市制定的地方性文件是开展社区矫正试点工作的主要指导性文件。

随着试点工作的逐步深入，现行法律制度滞后的问题越来越突出。就我国目前的刑事法律而言，无论是《刑法》，还是《刑事诉讼法》、《监狱法》等，均没有出现“社区矫正”的字样。对于社区矫正的许多基本问题，如对矫正对象的惩罚、矫正、帮助与服务的措施方面，更是缺乏具体的规定。这使社区矫正的各项工作在法律依据上显得不足，也使人们对社区矫正操作过程中的许多具体做法的合法性产生质疑。另外，在刑罚结构方面，欠缺社区服务刑等社区刑罚；在对缓刑和假释的规定方面，条件都过于苛刻；在程序方面，缺乏审前转处、缓刑和假释前调查、假释公开听政等制度，这些都构成社区矫正发展的制度性障碍。而《通知》及试点地方的指导性文件，其制定主体和规格

① 王顺安. 社区矫正的立法建议［J］. 中国司法，2005（2）

较低；在内容上，其对社区矫正的主体的规定，与《刑法》、《刑事诉讼法》的规定甚至还有冲突。不少试点地方的规定，如强制矫正对象参加公益劳动等，也突破了现有法律的规定；而且，按照我国《立法法》及联合国有关国际公约的规定，剥夺与限制公民人身自由的刑罚方法、措施及执行活动，应由国家最高立法机关通过最严格的立法程序用狭义的“法律”来规定，我国目前对社区矫正的调整状况显然也不符合这一要求。

3. 社区矫正组织、队伍力量的薄弱

在组织、队伍方面，目前的问题首先是体制不顺。从《通知》的规定和社区矫正试点的实际情况来看，司法行政机关在社区矫正中取得了主导地位；基层司法所具体承担社区矫正的日常管理工作，从而成为事实上承担矫正任务的主要组织。但是，根据我国《刑法》和《刑事诉讼法》的规定，对缓刑等各类社区服刑人员的刑罚由公安机关进行监督考察，罪犯居住地的基层组织或单位予以配合，也就是说，我国法律明确规定了实施社区矫正的专门机关是公安机关。这两者之间显然是冲突的。实际工作中解决这种冲突的做法，是有关法律手续仍然以公安机关的名义办理，而实际的监督考察等日常管理工作由司法所进行。这种情况不仅使矫正组织的合法性遭受质疑，而且增加了程序上的烦琐，严重影响社区矫正工作的效率和质量。

从目前试点的实际状况和将来的发展趋势来看，基层司法所已经开始并将继续成为承担社区矫正任务的主要组织。但是，我国目前的司法所不同程度地面临着编制、人员、场所、装备、经费等各方面的困境。如安徽省，在 2004 年全省仍有 73 个乡镇没有经编制部门下文建立司法所，536 个司法所与综治办合署办公，一定程度上导致人员不能专职专用；全省平均每个司法所仅有司法行政人员专项编制 1.2 名，1 人司法所占 40%，无人司法所占 57%。[1] 在我国经济、社会发展比较发达的浙江省，目前全省司法所有专职工作人员 2 427 人，平均每所 1.65 人，与司法部提出的司法所应当由 3 人以上组成，一般为公务员的要求相比，差距明显；这些人员中，兼任其他工作的现象十分普遍，如担任驻村干部、农村工作指导员以及承担招商引资任务等；全省司法所工作人员中，具有大专以上文化程度的只占 55%，而且多数是通过自学、函授等途径取得学历文凭，具有法律专业背景的人员非常缺乏。[2] 其他参与社区矫正工作的志愿者也都仅仅是在上岗前进行了短期的、简单的培训。这样的组织、队伍状况，相对于严肃、复杂、繁重的社区矫正工作而言，其力量显然过于薄弱，远

① 刘东根. 公安机关与社区矫正［J］. 中国人民公安大学学报（社会科学版），2006（3）

② 吴强军，徐祖华. 浙江的社区矫正实践［J］. 法治论丛，2007（1）

远不能满足社区矫正专业工作的需要。

4. 社区建设的不成熟

社区是进行一定社会活动、具有某种互动关系和共同文化维系力的人类群体及其活动领域。简单地说，社区就是一种地域性社会。成熟的社区，应该是介于政府与个人之间的一个有效的缓冲地带，是现代社会所需要的公平、正义、人道、宽容等观念产生的土壤；成熟的社区，其组成人员应当有较强的社区归属感和群体责任感，居民之间应具有较为密切的利益相关性，按照德国社会学家滕尼斯的说法，社区成员之间应当具有“关系密切、守望相助、富有人情味”等特点。

从目前的情况来看，我国的社区建设还很不成熟，主要表现为：①社区的行政色彩过于浓厚，社区本身的功能、影响弱化。社区概念暗含着政府职能的淡出，社会能力的提升，体现的是社会的自助、自主、自治，体现的是社会办社会，而不是政府办社会。中国社会长期的强政府、弱社会现象，政府对大量本该由社会自己来完成的社会事务的强力干预甚至大包大揽，在很大程度上抑制着社区的健康发展。②长期的强政府、弱社会的历史传统，使得人们的社区认同感和社区参与意识比较淡薄。我国居民都有着较强的“单位人”意识，而普遍欠缺对社区的认同感、归属感和参与社区事务的积极性和主动性。邻里之间互不相识、不相往来的情况成了司空见惯的现象。③根植于社区的非政府社会组织数量较少、影响有限。



真正意义的社区矫正并不仅仅是将犯罪人“放在社区内进行矫正”，而更应该是“由社区来矫正”。社区的成熟是社区矫正健康发展的基础性条件。我国社区建设的不成熟将是我国社区矫正发展的长期性、基础性的制约因素。

除了这些以外，我国社区矫正还存在着不少其他方面的困难，如对一些问题的理论、政策不清晰，各地发展不平衡，经费保障不到位等。

（二）我国社区矫正在困难中谋求发展的对策

从以上分析可以看出，当前我国社区矫正的发展还面临着方方面面的困难。从这个实际出发，笔者认为，我国社区矫正要在困难中谋求发展，应当采取以下对策：

1. 坚定信心

我国的社区矫正确实面临着诸多困难，但是，这些困难并不能阻挡社区矫正在我国的前进步伐。我们不能因为这些困难的存在而对社区矫正在我国的发展前景产生怀疑。

这些困难不容忽视，它们在很大程度上成为我国社区矫正发展的阻力。但在看到困难的同时，我们也应当看到问题的另一面：社区矫正在我国的发展有着充足的理由和强劲的推动力。社区矫正本身具有相对于监禁矫正而言的独特价值和优势，社区矫正符合刑罚人道主义和行刑社会化、轻缓化的发展趋势，社区矫正的不断发展已被许多国家的历史和现实所证实，社区矫正已经并将继续受到国际社会的强力推行，这些因素都昭示着社区矫正的发展符合刑罚制度发展的一般规律，具有合理性、必要性和必然性。暂时性的困难可能会影响到事物发展的进程和速度，但不能改变事物发展的基本规律和根本方向。我国社区矫正发展的阻力不足以完全消解其发展的动力。伴随着我国社会的不断进步、刑事政策的日趋理性化，我国的社区矫正也必将获得不断的发展，这种总体上的方向性、前进性是确定无疑的。面对困难，仍然要坚定信心，这在社区矫正的发展初期，具有非常重要的意义。

2. 循序渐进

由于还存在着诸多困难，我国社区矫正的发展绝不会是轻而易举、一帆风顺的。如果只片面地看到动力的一面，而轻视、忽视障碍的一面，一味地追求前进的速度，就会得不偿失、欲速则不达。好比车辆行驶在崎岖不平、障碍重重的道路上，如果开足马力、不顾一切，不仅难以迅速前行，反而可能会导致颠簸、碰撞甚至倾覆。困难是客观存在的，这些困难的解决还需要时间和过程。因此，发展我国的社区矫正不能大刀阔斧、突飞猛进，正确的做法应当是审时度势、循序渐进。

前进性与曲折性的统一，是新生事物发展的普遍规律，我国社区矫正的发展当然也不例外。我们完全可以预见到，我国社区矫正的发展道路是曲折的、迂回的。这要求我们既要有信心，又要有耐心；不可瞻前顾后、贻误时机，又不可脱离实际、盲目冒进。当前先进行试点，再逐步扩大试点范围，在摸索和总结中谨慎推进的做法是正确的。

3. 实践先行

我国社区矫正面临很多困难，那么，是不是要等这些困难都基本上得到克服之后，才能发展社区矫正呢？答案是否定的。

诚然，这些困难如果不得到一定程度的克服，我国的社区矫正难以取得长足的进步。但另一方面，这些困难的解决又在很大程度上仰仗着社区矫正实践的良好发展。例如，立法上，如果社区矫正的实践发展取得一定进展，其矫正能力和矫正效果都将得到一定的提升，那么，在立法上放宽管制、缓刑、假释等社区刑的适用条件，扩大社区刑的适用范围也就水到渠成。再如，在组织、队伍上，社区矫正的发展将为司法所的发展创造条件。当前司法所力量较薄弱的最根本原因是其缺乏“硬”的职能，其发展的根本问题是职能问题，而社区矫正职能的承担无疑将成为促进司法所发展的强大推动力。

当前，我国的社区矫正尽管有立法等方面的障碍，但在现有的法律框架和社会条件下，社区矫正并非没有发展的余地；相反，现有的法律框架和社会条件为社区矫正留下了相当大的发展空间。当务之急，是在现有法律制度和实际条件所允许的范围内，通过灵活变通，积极探索，勇于实践，将社区矫正切实地开展起来。当前尤其要克服的是，过分强调立法上的障碍，将发展社区矫正的希望完全寄托在立法改革之上的消极等待思想。其实，不光立法上的改革有赖于社区矫正实践的发展，对重刑主义传统思想的克服、社区矫正组织和队伍的发展等，也都在很大程度上要靠社区矫正本身的良好发展来推动。实践先行，以实践的发展和成效促进困难的克服，进而谋求更好、更快的发展，是我国社区矫正发展的一条可行之路。

4. 政府主导

社区矫正从国外引入中国，是一个法律移植的过程。决定移植成败的关键，是能否将外国的经验与本国的实际相结合。我国的法治状况和社会基础条件等都有其自身的特殊性，这决定了我国的社区矫正不能完全照搬外国的发展模式。

在许多发达国家，社区矫正的发展基本上是“先民间，后官方”，走的是民间创新推动官方行为的道路。美国的鞋业经营者约翰·奥古斯塔斯被喻为“美国的缓刑之父”，他所从事的为警察法庭提供的事前调查、了解罪犯本人及家庭的情况，与学校、雇佣者以及社会团体机构的商议协作等，都为今天的缓刑考察、社区矫正制度的完善创造了雏形。[①]日本的社区矫正源于出狱人保护事业，它基本上是私人或者民间团体以慈善保护为宗旨而发起的活动。这样的发展模式或道路必须建立在坚实的公众基础之上，而这恰恰是我国发展社区矫正所欠缺的。我国的社区发展不成熟，重刑主义传统思想的影响广泛，民众对社区矫正的认同度不高，相关的民间团体和志愿者数量不多、积极性不高，这些因素决定了我国的社区矫正必须选择政府主导、政府推动型的发展模式和道路。当然，政府主导不等于政府代替社会，更不等于政府包办一切。政府主导、政府推动，意味着在社区矫正的启动和发展的初期阶段，政府将承担更多的任务和责任，其工作中所需要的人、财、物主要由官方提供，其发起模式是“官方推动社会”而不是“社会推动官方”。

综上所述，我国的社区矫正方兴未艾，它有着远大的发展前景，也面临着方方面面的困难，任重而道远。

---

① 郭建安，郑霞泽. 社区矫正通论［M］. 北京：法律出版社，2004. 23

# 第二章　社区矫正的适用对象、指导思想与工作任务

## 第一节　社区矫正的适用对象

2003年“两院”、“两部”联合下发的《通知》，明确了社区矫正的定义、适用对象等重要问题。《通知》将社区矫正的适用对象主要限于下列5种罪犯：

（1）被判处管制的。

（2）被宣告缓刑的。

（3）被暂予监外执行的。具体包括：①有严重疾病需要保外就医的；②怀孕或者正在哺乳自己婴儿的妇女；③生活不能自理，适用暂予监外执行不致危害社会的。

（4）被裁定假释的。

（5）被剥夺政治权利，并在社会上服刑的。

在符合上述条件的情况下，对于罪行轻微、主观恶性不大的未成年犯、老病残犯，以及罪行较轻的初犯、过失犯等，应当作为重点对象适用上述非监禁措施，实施社区矫正。

### 一、被判管制刑的罪犯

#### （一）管制的概念和意义

管制是指对犯罪分子不实行关押，交由公安机关管束和人民群众监督，限制其一定自由的刑罚方法。

管制的特征是对犯罪分子不予关押，不剥夺其人身自由。被判处管制刑的罪犯须在公安机关的管束和群众的监督下进行劳动改造，其自由受到一定限制。

管制刑作为我国刑法体系中一项主刑被保留下来，符合刑罚执行轻缓化的发展趋势。管制刑也成为中国特色的社区矫正制度的重要内容，在未来适用非监禁刑越来越普遍的情况下，管制刑得以保留和发展，体现了我国立法机关较为超前的立法意识和行刑理念。

（二）管制的刑期

《刑法》第三十八条规定，管制的期限为 3 个月以上，2 年以下。第六十九条规定，数罪并罚时，管制最高不得超过 3 年。第四十一条规定，管制的刑期，从判决执行之日起计算，判决以前先行羁押的，羁押 1 日折抵管制刑期 2日。

（三）管制的执行机关

1. 现行刑法关于管制的规定

1997 年，《刑法》在第三十八条至第四十一条对管制的期限、管制的执行机关、管制的内容、管制期间的劳动报酬和管制的解除等分别作了具体规定，被判处管制的犯罪分子，在执行期间必须做到：

（1）遵守纪律、行政法规，服从监督。要求被判处管制的犯罪分子，在执行期间必须遵守国家和地方立法机关制定的各项法律、国家和地方政府发布的各项行政法规和规章，必须服从公安机关、所在单位和群众对其进行的监督。

（2）未经执行机关的批准，不得行使言论、出版、集会、结社、游行、示威的权利。被判处管制的犯罪分子，在刑罚执行期间，未经公安机关批准，禁止行使以上自由权利，即不得随便发表对国家大事的意见和建议；不得接受采访，发表演讲；不得组织和参与集会、游行、示威等活动；不得在境内外发表、出版、发行有损国家荣誉、利益或其他具有社会危害性的言论、书籍和音像制品。



（3）按照执行机关的规定报告自己的活动情况。对判处管制的犯罪分子进行监督考察，一个重要的内容就是通过掌握犯罪分子的活动情况，了解他们的思想动态，以便采取相应的措施加强对犯罪分子的改造。执行机关可以根据各种实际情况，规定犯罪分子定期或不定期地向执行机关报告其活动情况，包括生活、工作等情况。

（4）遵守执行机关关于会客的规定。为了保证管制刑的教育改造质量，防止被判处管制的犯罪分子因受到社会上某些不良教唆而重新犯罪，执行机关需要对犯罪分子的会客范围、会客时间、会客地点等作出相应的规定。如未经执行机关批准，禁止或限制会见境外人员或有强烈犯罪倾向的人员等。

（5）离开所在居住市、县或者迁居，应当报经执行机关批准。管制刑是限制犯罪分子人身自由的刑罚方法，因而对犯罪分子的活动区域要有一定的限制。一般情况下，犯罪分子只能在自己居住的市、县内活动，如果执行机关认为犯罪分子外出或者迁居会影响到对其监督与考察，而不同意其外出或者迁居，犯罪分子则不得离开其所居住的区域。

被判处管制的犯罪分子，在劳动中应当同工同酬。这是因为管制刑是主刑中的最轻刑，属于开放刑，在社会上执行。被判处管制的犯罪分子和人民群众在一起劳动，对其实行同工同酬，可以争取家属和社会的同情，不影响其家庭的经济生活，充分体现了人道主义精神，有利于促进犯罪分子的改造。

2.《通知》的变通

根据《通知》精神，司法行政机关要牵头组织有关单位和社区基层组织开展社区矫正试点工作，会同公安机关搞好对社区服刑人员的监督考察，组织协调对社区服刑人员的教育改造和帮助工作。街道、乡镇司法所要具体承担社区矫正的日常管理工作。公安机关要配合司法行政机关依法加强对被判处管制罪犯的监督考察，依法履行有关法律程序。对违反监督考察规定的社区服刑人员，根据具体情况依法采取必要的措施。对重新犯罪的社区服刑人员，及时依法处理。

（四）我国现行管制存在的问题

1. 管制刑的惩罚力度不够

刑罚的本质属性在于它的惩罚性，即通过刑罚的执行给罪犯带来一定的痛苦或利益损失，以实现刑罚的报应和功利目的。尽管现行的1979年《刑法》在管制内容上已经作了修改，数量由3项增加到5项，但管制刑作为刑罚的特征——惩罚性并没有得到充分体现，管制内容较为空泛。规定中的“遵守法律、行政法规”，根本体现不出惩罚性，因为遵纪守法是每个公民的应尽义务，何况罪犯？“未经执行机关批准，不得行使言论、出版、集会、结社、示威自由的权利。”这一条虽然体现出了对管制罪犯某些权利的限制，但这种限制缺乏刑罚的可感性，因为公民在行使宪法赋予的上述6项自由权利时，也要报经有关部门批准。如此看来，这项内容对管制犯起不到多大的惩罚作用；而要求罪犯报告自己的活动情况、遵守会客的规定以及迁居、外出必须经执行机关批准3项，除了在手续上给罪犯带来一些不便外，也无多大的约束作用。

2. 管制刑的执行缺乏强制性

现行管制刑的惩罚内容已明显不足，但在现实中，就连这样的惩罚性内容也缺乏应有的执行保障。法律只规定了管制犯应遵守的事项，而对于管制对象违反这些行为规则时如何处置却没有相应的规定，刑罚的意蕴无法展现。

3. 管制刑的执行在实践中往往流于形式

管制刑的执行需要群众的有效监督和配合，而群众监督的正常开展必须至少具备两个条件：一是群众有参与对罪犯进行监督改造的自觉性和积极性，这种自觉性和积极性来自群众对国家事务崇高的参与意识；二是社会具备组织群众进行监督的有效机制。改革开放20多年来，我国的社会发生了翻天覆地的变化。首先，以经济建设为中心的指导方针的确立，引导人们把注意力转向追求经济利益上，人们参与国家事务的热情有所淡化；其次，由二元社会结构向多元社会结构的转型，带来了社会利益群体的分化，各类经济单位、社会组织逐渐褪去泛政治化的外衣，特别是各类经济单位日益受自身利益的驱动，表现出追求最大利益的趋向，从而导致对个人约束的不断弱化；第三，户籍制度的松动和改革，使得人员自由流动成为可能。凡此种种，使得许多组织、群众对管制犯进行有效监督的任务难以落实，同时，公安机关警力严重不足，无法抽调力量专门从事对管制犯的监督工作，监管上出现空当，导致许多地方对管制犯“不管不制”，管制刑的执行徒有虚名。

## 二、被宣告缓刑的罪犯

### （一）缓刑的概念和意义

#### 1. 缓刑的概念

缓刑是指对被判处一定刑罚的犯罪分子，在其具备法定条件的情况下，在一定的考验期间内附条件地不执行原判决刑罚的一种制度。它是指人民法院对于被判处拘役、3年以下有期徒刑的犯罪分子，根据其犯罪情节和悔罪表现，认为暂缓执行原判刑罚确实不至于危害社会的，规定一定的考验期，暂缓其刑罚的执行，若犯罪分子在考验期内没有发生法定撤销缓刑的情形，原判刑罚就不再执行的制度。



#### 2. 缓刑的意义

我国刑法中的缓刑制度是惩办与宽大相结合、惩罚与教育改造相结合政策的重要体现，也是依靠专门机关与社会资源相结合的矫正犯罪对象的体现。对于罪犯适用缓刑的意义，主要表现为：有利于教育改造犯罪分子，有利于贯彻少捕少杀政策，有利于社会安定团结；有助于避免短期自由刑的弊端，最优化地发挥刑罚的功能；有助于更好地实现刑罚的目的，是实现刑罚社会化的重要保障制度。

### （二）我国刑法关于缓刑的具体规定

我国《刑法》明确规定了缓刑的适用对象、考验期限、被宣告缓刑者应遵守的条件、对宣告缓刑者的考验机关、缓刑的撤销条件、缓刑的禁止条件等内容。

#### 1. 缓刑的适用对象

《刑法》第七十二条规定：“对于被判处拘役、三年以下有期徒刑的犯罪分子，根据犯罪分子的犯罪情节和悔罪表现，适用缓刑确实不至于再危害社会的，可以宣告缓刑。被宣告缓刑的犯罪分子，如果被判处附加刑，附加刑仍须执行。”

2. 缓刑的考验期限

《刑法》第七十三条规定：“拘役的缓刑考验期限为原判刑期以上一年以下，但是不能少于二个月。有期徒刑的缓刑考验期限为原判刑期以上五年以下，但是不能少于一年。缓刑考验期限，从判决确定之日起计算。”

3. 缓刑的禁止条件

《刑法》第七十四条规定：“对于累犯，不适用缓刑。”

4. 被宣告缓刑的犯罪人必须遵守的条件

《刑法》第七十五条规定了被宣告缓刑的犯罪分子应该遵守下列规定：

（1）遵守法律、行政法规，服从监督。

（2）按照考察机关的规定报告自己的活动情况。

（3）遵守考察机关关于会客的规定。

（4）离开所居住的市、县或者迁居，应当报经考察机关的批准。

5. 对被宣告缓刑者的考察机关

《刑法》第七十六条规定：“被宣告缓刑的犯罪分子，在缓刑考验期限内，由公安机关考察，所在单位或者基层组织予以配合，如果没有本法第七十七条规定的情形，缓刑考验期满，原判的刑罚就不再执行，并公开予以宣告。”

6. 缓刑的撤销条件

《刑法》第七十七条规定：“被宣告缓刑的犯罪分子，在缓刑考验期限内犯新罪或者发现判决宣告以前还有其他罪没有判决的，应当撤销缓刑，对新犯的罪或者新发现的罪作出判决，把前罪和后罪所判处的刑罚，依照本法第六十九条的规定，决定执行的刑罚。”

7. 缓刑的减刑

根据有关司法解释，对被宣告缓刑的犯罪分子，一般不适用减刑。如果在缓刑考验期内有重大立功表现的，可以参照《刑法》第七十八条的规定，予以减刑，同时相应地减缩其缓刑考验期。减刑后实际执行的刑期不能少于原判刑期的1/2，相应缩减的缓刑考验期不能低于减刑后实际执行的刑期。判处拘役的缓刑考验期不能少于2个月，判处有期徒刑的缓刑考验期限不能少于1年。

8. 缓刑的宣告结束

在考验期内，被宣告缓刑的犯罪分子没有发生《刑法》第七十七条规定的情形，并认真接受矫正机构矫正的，矫正期满，也即缓刑期满，原判刑罚就不再执行，由执行部门宣告缓刑结束。

（三）我国对被宣告缓刑者的考察现状

根据我国《刑法》第七十六条规定，我国的缓刑考察机关是公安机关，犯罪分子所在单位和基层组织起到配合的作用。明确公安机关作为缓刑考察机关的地位，有利于发挥缓刑制度应有的作用。从目前的实际看，规定犯罪人所在单位或基层组织配合公安机关进行考察，有利于避免在我国社会主义市场经济发展过程中出现的犯罪人所在单位或基层组织只是一味地追求经济利益或者存在其他片面做法，导致对缓刑犯考而不验、放任自流的现象。犯罪人所在的单位或者基层组织，主要是指犯罪人所在的机关、团体、企事业单位或者乡镇、村、组以及城市街道委员会。这些单位或基层组织由于熟悉缓刑犯的情况，能够比较及时、准确地向公安机关反映缓刑犯在改造期间的表现，有利于协助公安机关将缓刑犯改造成为社会的新人。此外，承办案件的司法机关，通过对本辖区的被判缓刑的犯罪分子进行定期或不定期的回访考察，也可以促使公安机关做好缓刑犯的考察工作。

但是多年来，我国公安系统内部一直没有设立专门的机构，也没有安排专门的人员来负责缓刑犯的考察工作，以致相当多的基层公安机关对辖区的缓刑犯数量都不清楚。另外，由于缺少法律的规定，缓刑犯所在的单位和基层组织亦不知道如何“配合”公安机关的考察工作，致使不少缓刑犯在外地打工或者做生意数年无人过问，缓刑犯入党、参军也无人知晓。现实中常常出现“法院只管判，考察无人管”的状况，缓刑成了免刑，违背了判处缓刑的初衷。



针对我国目前公安机关工作的繁杂性，由于公安机关进行缓刑犯的考察只是流于形式，故应当将缓刑考察执行权逐步向司法行政机关转移。

（四）我国对被宣告缓刑者在缓刑期间考察内容的缺陷

我国《刑法》第七十五条规定被宣告缓刑的犯罪分子应当遵守的规定，与以往的规定相比，虽然已经有所完善，但仍然存在以下问题：

1. 我国缓刑规定的监督措施过于原则化，缺乏应有的规范标准

法律、行政法规是所有公民应该遵守的，对缓刑犯没有什么特殊意义。例如，“报告活动”究竟哪些活动应该报告、如何报告、会客又有什么规定等都很模糊。

2. 体现不出刑罚的性质

刑罚是能给罪犯带来一定痛苦或利益损失的惩罚措施，这种惩罚不仅是为了实现正义报应的需要，而且有助于罪犯从痛苦中感受正义的力量和犯罪的无价值性，从而促使其进行深刻的自我反省，改造成为守法公民。所以，应要求罪犯以积极的作为方式履行某种义务，来弥补其犯罪行为所造成的损害或物质利益损失。

3. 缓刑的监督考察还停留在低水平上

缓刑的主要目的是给予犯罪人改过自新的机会，促使其重返社会。缓刑

犯、未成年犯处于各种困惑或困境中，对其仅仅给予一定的权利限制和其他监督措施而不给予积极的指导帮助，恐怕难以达到使其重返社会的目的。而我国的现行刑法规定的缓刑犯应遵守的4项内容，反映的只是管束、监督，而对于自新、更生、改善的精神很少体现。只要求被监督对象消极、机械地遵守各项规定，而对他们的生活技能的培养和心理健康的培育则不予重视。

4. 缓刑犯所在单位或者基层组织承担的“配合”考察的法律义务很难落实

“按照考察机关的规定报告自己的活动”，“遵守考察机关关于会客的规定”，“离开所居住的市、县或者迁居，应当报经考察机关批准”，其监督主体显然是公安机关而不是缓刑犯所在的单位或基层组织。缓刑与社区矫正相结合，是当代加强对缓刑犯监督行刑制度的发展趋势，是缓刑制度不断完善的一个标志，同样也是其他国家缓刑适用率高的重要因素。要使我国缓刑制度发挥应有的作用，应对缓刑的考验内容进行根本上的建设。

## 三、被裁定假释的罪犯

### （一）假释的概念

假释又称“假出狱”，是指对被判处有期徒刑、无期徒刑的犯罪人，在执行一定刑期以后，附有条件地将其提前释放，如无犯罪行为或违反公安机关监督管理规定的行为发生，即以执行完毕论的一项刑罚制度。

### （二）假释的适用条件

《刑法》第八十一条规定了假释的适用条件：被判处有期徒刑的犯罪分子，执行原判刑期1/2以上，被判处无期徒刑的犯罪分子，实际执行10年以上，如果认真遵守监规，接受教育改造，确有悔改表现，假释后不再危害社会的，可以假释。如果有特殊情况，经最高人民法院核准，可以不受上述执行刑期的限制。对累犯以及因杀人、爆炸、抢劫、强奸、绑架等暴力性犯罪被判处10年以上的有期徒刑、无期徒刑的犯罪分子，不得假释。

对于犯罪分子的假释，依照《刑法》第七十九条规定的程序进行。非经法定的程序不得假释。

假释的罪犯，确有悔改表现是指同时具备以下四方面的情形：①认罪伏法；②认真遵守监规，接受教育改造；③积极参加政治、技术、文化学习；④积极参加劳动，完成生产任务。

对于假释适用对象，我国实行肯定性列举与排除性列举相结合的立法方式，规定为：判处有期徒刑、无期徒刑的犯罪分子可以适用假释；对累犯和因杀人、爆炸、抢劫、强奸、绑架等暴力性犯罪被判处10年以上有期徒刑、无期徒刑的犯罪分子不得适用假释。如此规定是基于杀人、爆炸、抢劫、强奸、绑架等暴力性犯罪行为本身的严重社会危害性而作出的，是一定时期刑事立法政策在刑法上的体现。

(三) 假释的考验期

《刑法》第八十三条规定，有期徒刑的考验期限为没有执行完毕的刑期，无期徒刑的假释考验期限为10年。假释考验期限，从假释之日起计算。

被宣告假释的犯罪分子，应当遵守以下规定：①遵守法律、行政法规，服从监督；②按照监督机关的规定报告自己的活动情况；③遵守监督机关关于会客的规定；④离开所居住的市、县或者迁居，应当报经监督机关批准。

(四) 假释的监督机关

被假释的犯罪分子，在假释考验期限内，由公安机关予以监督，如果没有《刑法》第八十六条规定的情形，假释考验期满，就认为被判刑罚已经执行完毕，并予以公开宣告。

(五) 假释执行的变更

被假释的犯罪分子，在假释考验期限内犯新罪的，应当撤销假释，依照《刑法》第七十一条的规定实行数罪并罚。在假释考验期限内，发现被假释的犯罪分子在判决宣告以前还有其他罪没有判决的，应当撤销假释，依照《刑法》第七十条的规定实行数罪并罚。被假释的犯罪分子，在假释考验期限内，有违反法律、行政法规或者国务院公安部门有关假释的监督管理规定的行为，尚未构成新的犯罪的，应当依照法定程序撤销假释，收监执行未执行完毕的刑罚。



(六) 假释限制条件适用应注意的问题

根据《刑法》第八十一条的规定，下述情况不得适用假释：

(1) 累犯。在我国刑法中，累犯有一般累犯与特别累犯之分。一般累犯是指被判处有期徒刑以上刑罚的犯罪分子，刑罚执行完毕（包括被假释的犯罪分子假释期满后或者赦免以后）后，在5年内再犯应当判处有期徒刑以上刑罚之罪的人。对于一般累犯，当然不得适用假释。在我国刑法总则中，规定了危害国家安全累犯是一种特别累犯，对其也不适用假释。

(2) 因杀人、爆炸、抢劫、强奸、绑架等暴力性犯罪被判处10年以上有期徒刑和无期徒刑的犯罪分子。从这一对象限制条件来看，应当符合以下两个方面的条件：①犯罪分子所犯的是杀人、爆炸、抢劫、强奸、绑架等暴力性犯罪；②犯罪分子必须是被判处10年以上有期徒刑或者是无期徒刑。

根据我国刑法的规定，并非所有的杀人、爆炸、抢劫、强奸、绑架的暴力性犯罪分子都一律不得假释。如果犯上述罪是偶犯、初犯等，以及共同暴力性犯罪中的从犯、协从犯等，只要所判处的刑罚不满10年有期徒刑的，仍然可以适用假释。

（3）实际执行刑期的计算问题。根据我国刑法的规定，被判处无期徒刑的犯罪分子，实际执行 10 年以上的才能适用假释。这里的实际执行是否包括判决前羁押的时间？为此，我国刑法学界存在以下两种不同的观点：

第一种观点认为，刑罚对于无期徒刑犯的实际执行的刑期不能少于 10 年的规定，应当自无期徒刑判决确定之日起计算。

第二种观点认为，对于被判处无期徒刑的犯罪分子，必须实际执行 10 年以上，才能适用假释。这里所说的“实际执行”，既包括判决确定后所执行的刑期，也包括判决确定前先行羁押的期限在内。就无期徒刑本身的性质来说，是剥夺犯罪分子终身自由的刑罚方法，自判决确定之后开始执行，不存在刑期计算的问题。但是，当被判处无期徒刑的犯罪分子符合一定的假释条件时，则必须明确实际执行的刑期究竟是多少，要严格依法办理。

被判处有期徒刑的犯罪分子，执行原判刑期 1/2 以上，可以假释。这里同样也存在一个问题，就是这里的原判刑期 1/2 是否包括判决确定前羁押的时间？对此，我国刑法学界一般认为应当包括。这是因为，有期徒刑判决执行以前的羁押日期可以折抵刑期，这就表明在适用假释时，应当把它视为已执行的刑期。所以，“被判处有期徒刑的犯罪分子，执行原判刑期 1/2 以上”，应理解为包括判决前的羁押时间在内。

此外，无期徒刑减为有期徒刑的犯罪分子，在适用假释的时候，其已经执行的刑期是按无期徒刑的实际执行 10 年计算，还是按照有期徒刑的 1/2 计算？为此，1979 年 11 月 23 日，最高人民法院、最高人民检察院、公安部《关于无期徒刑减为有期徒刑的罪犯假释问题的批复》指出：对无期徒刑减为有期徒刑的罪犯，仍应按原判无期徒刑的实际执行 10 年以上，才能考虑是否可以假释。

### 四、被决定暂予监外执行的罪犯

#### （一）暂予监外执行的概念

暂予监外执行是我国正在试点中的社区矫正的重要项目之一。所谓暂予监外执行，是指被判处有期徒刑、拘役的罪犯，应当在监狱或者其他执行机关执行刑罚，但由于出现了法定的某种特殊情形，不宜在监狱或者其他执行机关执行刑罚时，暂时采取的一种变通执行场所或执行方法的制度。暂予监外执行分为两种情况：一是指交付执行前，人民法院决定的暂予监外执行；二是指交付执行后，监狱或者其他执行机关决定的暂予监外执行。

在我国，监外执行被界定为刑罚的变通方式，其实质在于由于某种特殊情况的出现，通过一定的程序，将人民法院所判处的监禁刑改变为非监禁刑的刑罚执行方式，而且罪犯的刑期不因执行场所、执行方式的变通而中断，仍然连续计算。

暂予监外执行不同于假释。尽管监外执行与假释同属于刑罚的变通方式，都是因某种事由，将人民法院判处的监禁刑，改变为非监禁的刑罚执行方式，但是假释与监外执行有本质的区别。假释是根据服刑罪犯在狱内的良好改造表现，认为将其提前释放确实不致再危害社会，因而将其附条件提前释放的一种刑罚的变通执行方式。如果罪犯能平稳度过考验期，原判刑罚就认为已经执行完毕，不再收监执行。而暂予监外执行不是以犯罪分子确有悔改表现为适用的前提条件，而是由于罪犯患严重疾病或具有重度残疾等，不适合在监狱内服刑，需要离监进行治疗，因而将自由刑执行予以变更。当妨碍监内服刑的条件一旦消失，如疾病治愈、女性犯人哺乳期已满等，则要依法将罪犯收监执行。

(二) 暂予监外执行的条件

1. 对象条件

关于暂予监外执行的适用对象，1979 年《刑事诉讼法》规定为被判处无期徒刑、有期徒刑或拘役的罪犯。1997 年修订《刑事诉讼法》时，把无期徒刑从暂予监外执行的适用对象中予以排除，理由是：被判处无期徒刑的罪犯所犯罪行严重、主观恶性和人身危险性较大，对其适用监外执行既达不到惩罚和改造的刑罚目的，又不利于社会安全。

2. 前提条件

前提条件就是罪犯必须有法律规定的监外执行的情况发生，才给予监外执行。根据现行《刑事诉讼法》第二百一十四条的规定，暂予监外执行的适用情形有以下三种：

（1）有严重疾病需要保外就医的。司法实践中习惯称之为保外就医，这是适用监外执行的一种主要形式。根据这条规定，适用保外就医需要具备两个条件：一是身患严重疾病需要到监外治疗。关于“严重疾病”的范围，1990 年司法部、最高人民检察院、公安部联合颁布的《罪犯保外就医执行办法》规定了以下几种情形：①身患严重疾病、短期内有死亡危险的；②患严重慢性疾病，长期医治无效的；③身体残疾、生活难以自理的；④年老体弱，已失去危害社会的能力的。二是由保证人取保。保证人的条件：《刑事诉讼法》第五十四条对取保候审具体条件作了明文规定，这些规定应当同样适用保外就医的保证人。另外，修订后的《刑事诉讼法》第二百一十四条第三款对保外就医增加了一条禁止性规定，即对于适用保外就医可能有社会危险性的罪犯或者自伤自残的罪犯，不得保外就医。之所以对“可能有社会危险性的罪犯”不适用保外就医，是因为这些罪犯所犯罪行具有较大的人身危险性，对他们适用保外就医，极易发生新的犯罪，不利于防卫社会。自伤自残是罪犯为了逃避服刑而采取的一种损害自己身体健康的行为，表明其并不真心悔改、接受改造，其人身危险性并没有真正消失。对这种罪犯禁止适用保外就医，同样是基于防卫社会的考虑，同时可以避免监内其他罪犯的效仿，从而有利于维护监管秩序以及对监外、监内罪犯的改造。

综上所述，对于判处有期徒刑或者拘役的罪犯可以适用保外就医的条件是：①有严重疾病，并且不属于自伤自残；②有保证人保证；③适用保外就医不可能有社会危险性。

对于罪犯确有严重疾病，必须保外就医的，由省级人民政府指定的医院开具证明文件，依照法律规定的程序审批。发现被保外就医的罪犯不符合保外就医条件的，或者严重违反有关保外就医的规定的，应当及时收监。

（2）怀孕或者正在哺乳自己婴儿的妇女。尽管修订后的《刑事诉讼法》并没有明确规定限制条件，但是司法实践中对怀孕或者正在哺乳自己婴儿的妇女适用监外执行同样包括“不可能有社会危险性的”这个条件，因为对怀孕或者正在哺乳自己婴儿的女性罪犯一般在审判后就已经决定监外执行，此时对其判处的刑罚尚没有执行，对其危险度的人格的改造尚未开始，她们的人身危险性较之在服刑期间适用保外就医的罪犯来说可能更大一些，尤其是正在哺乳自己婴儿的女性罪犯，更是具有部分甚至是完全的犯罪能力。因此，从防卫社会的目的出发，对怀孕或者正在哺乳自己婴儿的女性罪犯适用保外就医时，也应当考虑其再犯的可能性。

（3）生活不能自理的。这是修订后的《刑事诉讼法》新增的一项规定。所谓生活不能自理，是指罪犯有重度残疾，需要由他人照顾才能生活的情形。这种“生活不能自理”的罪犯，由于其自身身体状况，一般已失去了再次危害社会的能力，但是不能因此而掉以轻心，对这类罪犯适用保外就医仍需要考虑其再次犯罪的可能性。对于适用保外就医可能有社会危险性的罪犯，或者自伤自残的罪犯，即使生活不能自理，也不得保外就医。

3. 实质条件

实质条件是指对符合刑事条件的罪犯适用监外执行不致再危害社会。作为一种非监禁性处遇，应力求在罪犯的个人权利与受害者的权利和社会对公共安全和预防犯罪的关系之间达到妥善的平衡，因此，尽管刑事法律对监外执行的实质条件没有明确的规定，但“无害于社会”依然是适用监外执行的实质条件。

确定适用监外执行，不至于危害社会，应当从两个方面来理解：①确定适用监外执行的罪犯不具有人身危险性；②确定被害人和社会拟对适用监外执行的罪犯的反应，如果被害人复仇意识非常强烈，或者社会对该罪犯的憎恨心理强烈，那么，适用监外执行应当慎重，否则可能引发新的犯罪事件。

（三）暂予监外执行的程序

1. 交付前暂予监外执行的适用程序

这种形式的暂予监外执行由具体审理案件并作出判决、裁定的法院决定。其具体程序如下：

（1）医院鉴定。我国《刑事诉讼法》第二百一十四条第三款规定："对于罪犯确有严重疾病，必须保外就医的，由省级人民政府指定的医院开具证明文件。"

（2）法院审判。人民法院决定暂予监外执行的，应当制作暂予监外执行决定书，载明罪犯的基本情况，判决确定的罪名和刑罚，决定暂予监外执行的原因、依据等内容。

（3）把暂予监外执行决定书抄送人民检察院和罪犯居住地公安机关。

2. 交付后监外执行的适用程序

罪犯交付执行后的监外执行由监狱管理机关决定。根据《监狱法》、《罪犯保外就医执行办法》等相关法律、法规的规定，罪犯在服刑期间的监外执行适用程序主要包括：

（1）监所初审，提请病残鉴定。对符合法定条件需要监外执行的罪犯，由所在监所中队讨论通过，大队审核，报单位狱政科讨论并请驻监所的检察人员列席参加，初审同意后，填写罪犯疾病伤残鉴定申请表，进行伤残鉴定。

（2）由省级人民政府指定的医院鉴定，出具鉴定结论。

（3）对于符合监外执行的罪犯，监所应当填写监外执行征求意见书，征求罪犯家属所在地的公安机关意见，并与罪犯家属联系，办理取保手续。

（4）报请监狱管理局审批。监所制作监外执行审批表，连同罪犯病残鉴定结论、监外执行保取书等材料，报请省、自治区、直辖市监狱管理局审批，同时，将上述材料副本送驻所检察机关。

（5）省、自治区、直辖市监狱管理局审批同意监外执行的，所在监所办理罪犯出狱手续，发给监外执行证明书，把该书面决定通知罪犯户籍所在地的公安机关、原审法院，并抄送人民检察院。

（6）对于在看守所、拘役所执行刑罚的罪犯，符合监外执行条件的，由执行机关报请县级以上公安机关批准。经审查批准监外执行的，应当制作暂予监外执行决定书，送交罪犯户籍所在地公安机关派出所，并抄送同级人民检察院。

（7）批准暂予监外执行的机关将批准的决定抄送人民检察院，人民检察院认为暂予监外执行不当的，应当自接到通知之日起一个月内将书面意见送交批准暂予监外执行的机关，批准暂予监外执行的机关接到人民检察院的书面意见后，应当立即对该决定进行重新核查。

（四）暂予监外执行的执行与监督

《刑事诉讼法》第二百一十四条第五款、第二百一十五条、第二百一十六条规定，对于暂予监外执行的罪犯，由居住地公安机关执行，原关押监狱应当及时将罪犯在监内改造的情况通报负责执行的公安机关。执行机关应当对其严格管理监督，基层组织或者罪犯的原所在单位协助进行监督。

（五）暂予监外执行的撤销与终止

暂予监外执行的情形消失后，刑期未满的，负责执行的公安机关应当及时通知监狱收监；刑期届满的，由原关押监狱办理释放手续。罪犯在暂予监外执行期间死亡的，公安机关应当及时通知原关押监狱。

（六）适用暂予监外执行条件时应注意的问题

1. 严重疾病的范围问题

根据有关司法解释，对“严重疾病”的范围限定为精神病，急性、恶性传染病以及其他可能导致罪犯近期死亡的疾病。其中的急性、恶性传染病，司法实践中难以掌握。有学者提出：罪犯因公受伤且伤势严重者，能否保外就医？从人道主义原则出发，为了有利于罪犯严重伤势的治疗，可以准予保外就医。但是对于保外就医以后有可能继续进行犯罪、危害社会的，或者会自伤自残的罪犯，不能适用保外就医。保外就医的适用，有非常严格的手续规定：必须由省级人民政府指定的医院开具诊断证明，要依照法律规定的程序审批。保外就医的期间仍然计算到刑期以内。保外就医的条件一旦消除（如疾病经治疗已经痊愈），而刑期未满的罪犯，应当予以收监执行。

2. 女犯怀孕问题

怀孕的女犯可以暂予监外执行。对此，有两个问题需要明确：①怀孕的确认问题，依据过去有关司法解释的规定，经县级以上医院出具证明文件即可。②对怀孕流产后的女犯能否以怀孕对待？多数学者认为，不论其属于自然流产还是人工流产，应当视为怀孕妇女。其怀孕流产后监外执行的时间长短，依据法定的休息期而定。

3. 罪犯生活不能自理问题

“生活不能自理”主要是指罪犯由于年老体衰、神志模糊或者严重疾病（如双目失明、四肢残废）等原因，不能料理自己生活起居的情况。这样的罪犯除有社会危险性的以外，如果放在监内执行，不但失去监管改造实意，而且影响监狱或者看守所的监管工作，徒增监管机关的压力和负担，因此，对他们适用监外执行是恰当的。

（七）现行暂予监外执行制度的监督存在的缺陷

1. 公安机关对监外执行的罪犯监管不力

根据《刑事诉讼法》的规定，暂予监外执行的罪犯由公安机关负责监管，实践中由罪犯居住地的公安机关（实际上主要是基层公安机关的派出机关，即乡镇、街道公安派出所）监管。但公安机关既没有专门的机构也没有专职的人员负责该项工作。而罪犯住所地的派出所由于警力有限，只要被监管执行的罪犯不离开居住地，公安机关就不管不问，甚至有的犯罪分子到外地经商、旅游，公安机关出于种种原因，也是“睁只眼闭只眼”，听之任之。以致实践中常常出现对罪犯的脱管现象，导致对罪犯放任自流。据陕西某监狱 1997 年统计，在被保外就医的罪犯中，只有 25%在治疗疾病，75%的罪犯在干什么，谁也说不清楚。这使得公安机关与刑罚执行机关在监督方面存在一定的脱离，造成一些暂予监外执行条件消失的罪犯不能及时收监。

2. 原刑罚执行机关难以掌握暂予监外执行的罪犯的有关情况

暂予监外执行的罪犯交罪犯户籍所在地的公安机关执行监管后，监狱（看守所）没有对暂予监外执行罪犯在监所外的改造情况进行跟踪，对罪犯在监所外的表现掌握情况基本是空白，以致出现暂予监外执行的情形消失，罪犯刑期未满，却没有及时收监的情形。这种由于罪犯自身的因素（身患严重疾病、怀孕或哺乳自己的婴儿的妇女、生活不能自理等情形），可以选择在监外执行刑罚，从而使罪犯恢复了已被剥夺的人身自由等权利的形式，没有达到刑罚教育与惩罚的目的。



3. 检察机关的监督乏力

人民检察院已不能及时掌握暂予监外执行的条件是否仍然存在，司法实践中还存在监督空当，监督力度还有待强化。具体表现在以下几个方面：

（1）监督存在空当，导致监督不到位。《刑事诉讼法》仅仅规定了检察机关对审批机关的审批工作进行监督，对监狱等刑罚执行机关的前期工作没有介入监督，致使监狱等刑罚执行机关在监外执行操作中的不当甚至违法行为难以得到及时纠正。

（2）书面审查，事后监督，影响到监督的质量。人民检察院对监外执行的监督基本上采取事后监督的方式，必须等到人民法院、监狱管理机关、公安机关决定后才能启动监督程序。因此，刑事司法实践中，人民检察院在行使监督权时，仅仅是对监外执行程序的各种法律文书进行书面审查，这基本上难以保证监外执行的监督质量。事后监督的不足之处在于：监狱或审批机关违法的危害后果已经发生，犯罪分子已经在监外执行，纠正错误所需时间较长，纠正的难度也相应增大。

（3）监督措施不力，影响监督效果。根据《刑事诉讼法》的规定，检察机关对监外执行的监督措施就是向监外执行的批准机关提出书面纠正意见，该纠正意见的法律效力是，批准暂予监外执行的机关收到后“应当立即对该决定进行重新核查”。可见，检察机关的监督仅仅是提出纠正“意见”，对审批机关没有太大的约束力。至于审批机关对监外执行的决定重新核查后如何处理，要不要以书面形式反馈检察机关，法律没有作进一步规定，让人有一种虎头蛇尾之感。检察监督措施的软弱无力，严重制约了检察监督的法律效力。

综上所述，人民检察院、监外执行机关、原刑罚执行机关三者相互存在边缘空隙，使得一些暂予监外执行的罪犯逃避了法律的制裁，社会影响非常坏。《刑事诉讼法》第二百一十六条规定：“暂予监外执行的情形消失后，罪犯刑期未满的，应当及时收监。罪犯在监外执行期间死亡的，应当及时通知监狱。”然而，实践中往往出现罪犯住所地派出所和原刑罚执行机关相互推诿的现象，造成执行过程中的不严肃、不公正，甚至有人利用此规定钻法律的空子，徇私枉法，为司法腐败提供了一定的条件。

### 五、被判决剥夺政治权利的罪犯

#### （一）剥夺政治权利的概念和内容

1. 剥夺政治权利的概念

剥夺政治权利是指剥夺公民参与国家管理和政治活动权利的刑罚。剥夺政治权利作为附加刑，既可附加适用，又可独立适用。附加适用时，依照犯罪的性质和所处刑罚的轻重适用于性质或危害较为严重的犯罪。根据《刑法》第五十六条的规定，对于危害国家安全的犯罪分子应当附加剥夺政治权利，这是根据犯罪的性质来确定剥夺政治权利的适用对象的（共12种犯罪）。危害国家安全的犯罪是一种政治性犯罪，这类犯罪往往是犯罪人利用自己的政治身份和权利实施的。因此，对实施这类犯罪的人附加剥夺政治权利是恰当的。

根据《刑法》第五十七条的规定，对于被判处死刑、无期徒刑的犯罪分子，应当剥夺政治权利终身。这是依据罪犯所处的刑罚的轻重来确定剥夺政治权利的适用对象的。目前，我国刑法中规定有死刑的犯罪或某种犯罪中虽然没有规定死刑，但法定最高刑为无期徒刑的犯罪大约有74种。

根据《刑法》第五十六条的规定，对于故意杀人、强奸、放火、爆炸、投毒、抢劫等严重破坏社会秩序的犯罪分子，可以附加剥夺政治权利。

独立适用剥夺政治权利在刑法分则中予以规定。能够独立适用剥夺政治权利的具体犯罪共计30余种。

剥夺政治权利只能由人民法院判决。在中国，剥夺政治权利在性质上是一种较严重的刑罚，只有在犯罪性质和犯罪情节比较严重，犯罪分子在一定时期内不宜行使政治权利时，才予以剥夺。对于一般轻微的犯罪不适用这种刑罚。

2. 剥夺政治权利的内容

《刑法》第五十四条规定了剥夺政治权利的内容，剥夺政治权利是指剥夺犯罪分子的下列权利：

（1）选举权和被选举权。选举权与被选举权是公民最基本或者最重要的政治权利。

（2）言论、出版、集会、结社、游行、示威自由的权利。剥夺犯罪人的这种政治上的自由权利，是对其犯罪行为的一种严厉否定评价和政治责难。至于言论、出版、集会、结社、示威自由的含义只能从狭义上理解为限于“政治性”的范畴内。剥夺言论、出版的自由，只能理解为剥夺犯罪人发表政治性言论、出版政治性书籍的自由。同样道理，剥夺集会、结社自由，也仅指剥夺政治性集会、结社自由，非政治性集会（如宗教集会等）、非政治性结社（如纯学术性团体等），则不应在禁止之列。但是，游行、示威是一种带政治性的社会活动，至少目前的主流观点如此，因而应在剥夺的范围之内。

（3）担任国家机关职务的权利。剥夺担任国家机关职务的权利，不以禁止犯罪人在国家机关担任领导职务为限，还应包括禁止其担任一般国家机关工作人员的职务。但是，并不意味着绝对不允许被剥夺政治权利的人在国家机关从事政治性或非管理型的辅助工作，如工勤人员等。

（4）担任国有公司、企业、事业单位和人民团体领导职务的权利。因为剥夺政治权利只剥夺政治上的权利，并不能也不应剥夺犯罪人的劳动权，所以允许被剥夺政治权利的人在国有公司、企业、事业单位和人民团体工作，但不得担任领导职务。

（二）剥夺政治权利的期限

（1）剥夺政治权利的期限，除犯罪人被判处死刑、无期徒刑以及死刑缓刑执行减为有期徒刑或者无期徒刑减为有期徒刑外，剥夺政治权利的期限，为1年以上5年以下。

（2）判处管制附加剥夺政治权利的，剥夺政治权利的期限与管制相等，同时执行。

（3）对于被判处死刑、无期徒刑的犯罪分子，应当剥夺政治权利终身。

（4）对死刑缓刑执行减为有期徒刑或者无期徒刑减为有期徒刑的，应当把附加刑剥夺政治权利的期限改为3年以上10年以下。

（三）剥夺政治权利的适用对象

对于危害国家安全的犯罪分子应当附加剥夺政治权利，对于故意杀人、强奸、放火、爆炸、投毒、抢劫等严重破坏社会秩序的犯罪分子，可以附加剥夺政治权利。

对于犯罪人，可以独立适用剥夺政治权利。

（四）附加剥夺政治权利的刑期计算

附加剥夺政治权利的刑期，从徒刑、拘役执行完毕之日或者从假释之日起计算；剥夺政治权利的效力当然适用于主刑执行期间。

被剥夺政治权利的犯罪分子，在执行期间，应当遵守法律、行政法规和国务院公安部门有关监督管理的规定，服从监督；不得行使剥夺政治权利内容规定的各项权利。

（五）剥夺政治权利存在的问题

1. 缺乏足够的威慑力

剥夺政治权利体现国家法律对犯罪人否定的政治评价。对于许多犯罪人或不稳定分子来说，剥夺无形的、非物质的政治权利的痛苦，远不如对有形的物质财产、自由或生命的剥夺，对他们而言，剥夺政治权利显得无足轻重，于是，剥夺政治权利的这种惩罚的威慑力难以实现。

2. 剥夺政治权利对于预防犯罪基本不起作用

实践中，政治权利一经剥夺，即使犯罪性质与被剥夺的内容和资格无关，犯罪人也不得行使以上权利，造成剥夺政治权利不必要或者多余，与预防重新犯罪也无必然联系。

## 第二节　社区矫正的指导思想与工作任务

### 一、社区矫正工作的根本指导思想

对社区矫正的研究虽然是微观的社会机制的研究，但它离不开社会的视野与宏观的指导，尤其离不开马克思主义哲学所揭示的事物普遍规律以及方法论的指导。对于我国的社区矫正工作，更要从历史、文化背景、法治氛围和社会关系上来认识社会公众及矫正对象的心理，不能独立地从抽象的人性上来认识；在研究方法上，要综合运用社会科学的调查研究、经验总结方法与自然科学的实验方法，不能片面强调实验室调查研究和停留在浅层的个别心理现象研究上。

对矫正对象实行社区矫正，是维护社会稳定、保障社会主义经济建设的重要举措。因此，社区矫正工作在根本上必须坚持以马列主义、毛泽东思想、邓小平理论和“三个代表”重要思想为指导，坚持科学发展观。这是社区矫正的根本指导思想。

## 二、社区矫正工作的具体指导思想

### （一）坚持辩证唯物主义认识论原理

辩证唯物主义认识论，即马克思主义认识论。这一理论的基本观点是反映的观点、实践的观点和辩证的观点。因为认识是人们的头脑对外部世界的反映，是为了改造客观世界的积极的能动的反映；实践是认识的基础，认识是从实践中产生，随着实践的发展而发展；认识是从感性认识到理性认识，再由理性认识到能动地改造客观世界的辩证过程。列宁曾经指出："生活、实践的观点应该是认识论的首先的和基本的观点。"毛泽东在《实践论》中发展了马克思主义关于认识和实践相结合的观点，他指出："实践、认识、再实践、再认识这种形式，循环往复以至无穷，而实践和认识的每一循环的内容，都比较地进到了高一级的程度。"根据辩证唯物主义认识论原理，毛泽东提出改造违法犯罪分子的理论，他指出："许多犯罪分子是可以改造好的，是能够教育好的。""在一定条件下，在无产阶级专政的条件下，一般来说是可以把人改造过来的。"

### （二）坚持改造人、挽救人的方针

对于矫正对象实行社区矫正，这是无产阶级改造社会、改造人，实现共产主义历史使命的需要，根据这一需要，我国《宪法》规定："国家维护社会秩序，镇压叛国和其他危害国家安全的犯罪活动，制裁危害社会治安、破坏社会主义经济和其他犯罪的活动，惩办与改造犯罪分子。"依照《宪法》规定，我国监狱工作制定了"惩罚与改造相结合，以改造人为宗旨"的方针，就是要使社区矫正机构的各项工作为改造人、挽救人这个主要目的服务。通过管理、教育、劳动、心理矫治等手段，将矫正对象教育改造成为适应社会主义物质文明和精神文明的守法公民和有用之才。社区矫正，只有以贯彻改造人、挽救人的方针为指导才不会偏离方向。



### （三）坚持实事求是，一切从实际出发的思想

实事求是，是马克思列宁主义的精髓，是毛泽东思想的精髓，也是邓小平理论的精髓。

实事求是，就是从实际出发，把马列主义普遍原理同中国革命的具体实践相结合。毛泽东在《改造我们的学习》一文中对照主观主义和马克思列宁主义态度时指出：在马克思列宁主义的态度下，"就是应用马克思列宁主义的理论和方法，对周围环境作系统、周密的调查和研究。……使马克思列宁主义的理论和中国革命的实际运动结合起来……这种态度，就是实事求是的态度"。"实事"就是客观存在着的一切事物；"是"就是客观事物的内部联系，即规律

性；“求”就是我们去研究。此后，实事求是，一切从实际出发，成为我们的思想路线，成为党的优良传统和作风。

坚持“实事求是，一切从实际出发”的指导思想研究社区矫正要做到以下几点：

（1）要运用马克思列宁主义、毛泽东思想、邓小平理论的基本原理、立场、观点和方法指导社区矫正工作的研究。

（2）要针对新形势下矫正对象的构成及新特点，研究社区矫正的内容、方法和措施。

（3）坚持用正确的政策和方法教育矫正对象。毛泽东曾经指出：“人是可以改造好的，就是政策和方法要正确才行。”说明正确的政策和方法是教育改造的客观条件。而正确的政策和方法也要从矫正对象的实际出发。对判处徒刑的矫正对象与对有违法和轻微犯罪行为的矫正对象的社区矫正在政策上是有区别的，没有区别就没有政策。

（四）坚持实行综合治理方针

社区矫正是一项系统工程，要完成这项艰巨的工程，只依靠社区矫正机构的力量是难以完成的，必须在党和政府的统一领导下，依靠社会各个方面的力量和多种教育的密切配合，实行综合治理，才能完成。

一个人违法犯罪意识和恶习的形成，是客观因素和主观因素相互作用的结果，要转化其罪恶意识、矫正恶习，也必须有客观环境和主观认识的配合，需要多种因素、各方面的力量共同作用，才能收到良好的效果。在社会方面，社会的稳定、经济文化的发展、社会风尚、道德、法制教育的普及会促进矫正对象思想意识向好的方面转化；矫正对象的合法权利得到保护，管理、教育、劳动的组织有利于改造人和挽救人，也才能促进其向好的方面转化。因此，社区矫正必须实行综合治理，不仅使社区矫正机构内各项工作密切配合，还要使社区矫正机构内的教育与社会帮教密切联系起来，依靠社会各方面力量共同发挥社区矫正的作用。

社区矫正只有坚持综合治理的指导思想，才能使社区矫正进入一个新的领域，并使全社会都能关心对矫正对象的矫正教育工作。

### 三、社区矫正的任务

按照“两院”、“两部”联合下发的《通知》及司法部《司法行政机关社区矫正工作暂行办法》第四条的规定，社区矫正工作的任务主要包括以下三个方面：

（1）依照有关法律、法规和规章的规定，加强对矫正对象的管理和监督，确保刑罚的顺利实施。

（2）采取多种形式，对矫正对象进行思想教育、法制教育和道德教育，矫正其不良思想和行为，促使其成为守法公民。

（3）帮助矫正对象解决在再就业、生活和心理等方面遇到的困难和问题，以利于其顺利适应社会生活。

同时要求在试点工作中，各地要根据社区矫正工作任务的需要，进一步探索和创新社区矫正工作的具体内容、方式方法、工作流程和工作制度，努力提高教育改造质量。

# 第三章　社区矫正的组织与队伍

## 第一节　社区矫正的组织

### 一、社区矫正试点工作中的组织领导机构

2003 年 7 月，“两院”、“两部”联合下发的《通知》指出：“司法行政机关要牵头组织有关单位和社区基层组织开展矫正试点工作，会同公安机关搞好对社区服刑人员的监督考察，组织协调对社区服刑人员的教育改造和帮教工作。街道、乡镇司法所具体承担社区矫正的日常管理工作。”2004 年 7 月，司法部《司法行政机关社区矫正工作暂行办法》（以下简称《办法》）指出：“司法行政机关开展社区矫正工作，遵守党委政府统一领导，司法行政机关具体实施，人民法院、人民检察院、公安机关密切配合，社会力量广泛参与的原则。”《通知》和《办法》分别明确社区矫正试点工作首先应成立社区矫正工作领导机构，负责管理试点区域的社区矫正工作；明确了社区矫正工作是在党委、政府的领导下，由政法部门牵头，司法行政部门负责实施，各有关部门密切配合，形成党政领导、政法牵头、司法为主、部门联动、社会参与、分工负责、相互配合的工作格局。

因此，各试点城市的社区矫正领导机构应在市委、市政府的领导下，由市政法委、市综合办、市人民法院、市人民检察院、市公安局、市司法局、监狱、市民政局、市劳动和社会保障局、市编委办、市财政局、市教育局、市工会、市团委、市妇联等部门组成。领导小组下设办公室，办公室设在市司法局，承担试点城市的社区矫正的日常工作。

各城市试点区应成立社区矫正工作领导小组，负责组织协调本地区社区矫正的试点工作。试点区参照市领导小组的形式成立领导机构和工作机构，领导小组的办公室设在区司法局，负责试点区社区矫正的日常管理工作。

试点区的街道（镇）也应成立社区矫正工作领导小组，负责本辖区社区矫正工作的实施。领导小组由镇、街道办党委副书记任组长，成员为派出所、司法所、社会事务办、团委、妇联等部门。办公室设在司法所，具体负责各项日常工作。

## 二、社区矫正试点工作领导小组各成员单位的职责

(一) 司法行政部门在社区矫正中的职责

（1）司法行政部门应牵头组织有关单位和社区基层组织，贯彻落实国家有关非监禁刑执行的法律、法规、规章和政策，开展社区矫正工作，严格履行社区服刑人员接收、管理、考察、解矫等方面的法律程序。

（2）司法行政部门应会同公安机关组织协调社会力量，做好对社区服刑人员的监督考察，组织协调对社区服刑人员的教育改造和帮助工作。

（3）司法行政部门应建立对社区服刑人员认罪、悔罪、遵纪、守法、学习、劳动等方面表现情况的考核制度，对表现良好的给予行政奖励或提出司法奖励意见；对违反法律、法规和社区矫正有关规定的，视情节轻重提出惩戒意见。

（4）司法行政部门应组织相关社会团体、民间组织和社区矫正工作志愿者，对社区服刑人员开展多种形式的教育，帮助社区服刑人员解决在矫正过程中遇到的就业及生活等方面的问题。

（5）组织有劳动能力的社区服刑人员参加公益劳动。

（6）街道、乡镇司法所要具体承担社区矫正的日常管理工作，完成上级司法行政机关交办的其他有关工作。



(二) 人民检察院在社区矫正中的职责

（1）人民检察院应加强对司法行政机关、人民法院、公安机关的非监禁刑罚执行活动的法律监督，积极探索、完善社区矫正工作的监督程序。

（2）人民检察院对社区矫正工作中出现的相关问题及时提出监察建议，加强监督检查，对违法问题提出纠正意见，对犯罪案件予以法律追究，保证社区矫正工作依法、公正地进行，促进社区矫正工作健康、有序地发展。

(三) 人民法院在社区矫正中的职责

（1）人民法院应准确适用刑事法律和刑事司法解释，依法充分适用非监禁刑罚和减刑、假释等鼓励罪犯改过自新的刑罚执行措施，适度加大管制、缓刑、暂予监外执行等非监禁性刑罚执行措施的适用比例。

（2）人民法院在宣判、宣告管制、缓刑、交付前暂予监外执行时，责令社区服刑人员接受社区矫正。

（3）人民法院应及时将判决书、裁定书、决定书以及相关材料送达社区服刑人员居住地区社区矫正办公室、公安局和人民检察院。

(四) 监狱管理部门在社区矫正中的职责

（1）监狱管理部门应依法准确适用暂予监外执行措施，对符合假释条件

的人员及时提请人民法院裁定。

（2）监狱应主动向承担社区矫正的司法行政部门、公安机关介绍被矫正对象在狱内的表现情况。

（3）监狱应定期与接受罪犯社区矫正的司法部门、公安机关联系，对依法应予以收监执行的监外执行对象，及时收监执行，并对社区矫正组织的工作给予积极协助。

（五）公安部门在社区矫正中的职责

（1）公安部门应配合司法行政部门依法加强对社区服刑人员的监督考察，依法履行各种相关法律程序，为社区矫正提供强有力的保障。

（2）公安部门应对在实施社区矫正期间违反有关法律、行政法规及监督考察规定，不服从管理的社区服刑人员，根据具体情况依法予以警告、治安处罚或建议原批准机关撤销缓刑、假释，收监执行。

（3）公安部门应对因突发事件和故意脱离社区矫正监控的社区服刑人员及时处理和进行查找。

（4）公安部门应对重新违法犯罪的社区服刑人员，依法进行处理。

（六）民政部门在社区矫正中的职责

（1）民政部门应将社区矫正工作纳入社区建设和社区管理之中，指导基层组织参与矫正工作。

（2）民政部门应将符合低保条件的社区服刑人员纳入低保范围，解决好他们的基本生活问题。

（七）劳动和社会保障部门在社区矫正中的职责

（1）劳动和社会保障部门应积极为生活困难或有就业需求的社区服刑人员提供就业推荐服务。

（2）劳动和社会保障部门应积极协助社区矫正机构，组织矫正对象进行职业培训、就业指导，培养矫正对象的职业技能，激发矫正对象服务社会的积极性。

（八）财政部门在社区矫正中的职责

（1）财政部门应保障社区矫正工作的经费，将矫正工作经费纳入同级财政预算。

（2）财政部门应对已经下拨的社区矫正专项经费的使用情况进行监督，保证专款专用。

（九）教育部门在社区矫正中的职责

（1）教育部门应积极配合社区矫正组织做好对矫正对象的监督管理和教育改造工作。

（2）教育部门要依法保障未成年社区服刑人员的受教育权和隐私权。

（十）卫生部门在社区矫正中的职责

（1）卫生部门对社区服刑人员的身体、病情应予以检查、验证，出具医疗意见，并积极治疗。

（2）卫生医疗部门对有心理疾病的矫正对象，根据需要进行心理健康咨询服务。

（十一）工会、共青团、妇联在社区矫正中的职责

（1）工会、共青团、妇联应发挥职能优势，积极协助社区矫正组织对社区服刑人员做好政治、法制、文化、职业教育和技术辅导。

（2）工会、共青团、妇联应积极组织志愿者队伍为社区服刑人员提供学习、生活、就业上的帮助，重点做好未成年服刑人员和女性服刑人员的帮助教育工作。

（十二）其他成员单位和相关组织在社区矫正中的职责

其他成员单位和相关组织应积极支持与配合社区矫正工作，为推进社区矫正工作顺利开展提供帮助。

社区矫正是一项复杂的社会系统工程，矫正工作是专门机关工作与社会工作的结合体，既需要专业的队伍开展专门的矫正工作，还需要社会其他部门和成员的支持与配合，才能推进社区矫正工作顺利开展。



## 第二节　社区矫正工作队伍

### 一、社区矫正工作者

由于我国目前对社区矫正工作还没有形成单独的立法，所以，如何对社区矫正工作者定位还缺乏法律依据，仅限于学者对此进行学理探讨。有学者认为，我国的社区矫正是在社区对特定罪犯的刑事执法活动，基于这一定位，社区工作者是执法者，具有执法权，其与社会工作者的一个重要区别在于是否有执法权。这种界定实际上把社区矫正工作者的范围缩小为官方矫正机构的专业人员，而把其他的一切社区参与者、民间志愿者排斥在社区矫正工作者的范畴之外。从目前试点阶段来看，这种定位有一定的道理，但从长远而言，将社区矫正工作者进行如此狭义的界定是不利于社区矫正事业发展的。鉴于目前矫正对象是非监禁服刑犯罪对象，以及法律尚未给矫正工作者授权的现状，笔者主张，我国社区矫正工作者应当包括两方面职能：一是刑罚执行的职能；二是修复和康复矫正对象社会功能的职能。同时，需要启动社区矫正志愿者制度建设，建立一套征聘、培训、适用志愿者的完整有效制度。在具备条件的情况

下，可以把所有参与社区矫正的人员统称为社区矫正工作者。目前，各个试点城市的专职社区矫正工作者主要包括司法所工作人员、社区公安民警和其他有关部门人员。

（一）司法所工作人员

司法所工作人员是社区矫正的专业人员，其性质属于司法行政机关社区矫正部门的国家公务员。社区矫正是一项专业性、法律性和政策性很强的工作，司法所工作人员具有专业的知识和技能，能很好地胜任这项工作。在具体矫正工作中，司法所工作人员除了具体负责辖区内所有社区矫正事务，如社区行刑的执行，组织矫正对象劳动、学习，矫正其犯罪心理和行为恶习，组织行政部门和民间资源开展矫正对象保护工作，组织、协调社区参与监狱行刑社会化事务外，还要承担起领导、组织和协调社区志愿者、民间团体开展矫正工作的任务。

（二）社区公安民警

根据《刑法》、《刑事诉讼法》、《监狱法》的有关规定，公安机关承担对社区服刑人员监督考察的责任。社区民警在社区工作，是公安机关派出机构的执法人员，主要工作任务是严格材料接转手续，仔细检查出狱证明、释放证明等刑事处罚的法律文书，并列入重点管理范畴；严格内勤入户登记；建立监控档案，上报分局和检察院；负责将矫正对象交基层司法所，定期或不定期地对矫正对象进行考察。

（三）其他有关部门人员

在我国社区矫正试点阶段，社区矫正工作者还包括从监狱、法院、检察院等部门抽调来从事该项工作的人员以及有关社会团体成员和社会志愿者。

## 二、社区矫正工作者的基本素质要求

根据社区矫正工作的定位，社区矫正工作具有很强的专业性，社区矫正工作者除应具备一般刑事执法工作者的政治素质、业务素质外，还应特别具备以下要求：

（一）社区矫治工作者应掌握在社区中执法的基本内容和要求

根据我国《刑法》的规定，社区矫正的对象包括适用缓刑、假释、监外执行、管制、剥夺政治权利等刑罚方法和相应形式措施的犯罪当事人。因此，社区矫正工作者对于以上刑罚方法和相应形式措施应当有比较清楚的把握。例如，对于缓刑和假释，应当把握缓刑和假释的发展、性质和特点，缓刑和假释制度的作用和意义，适用缓刑和假释的法定条件和原则，缓刑考验期和假释期的确定、缓刑判决和假释期的执行、缓刑和假释对象的权利与义务，缓刑的减刑和缓刑假释的撤销等有关法律规定和操作程序。社区矫正的执法与监狱的执法相比，由于种类比较多，而且对管理对象需要区别对待，因此比监狱的执法更具复杂性。目前，我国刚刚开始扩大社区矫正试点工作，更为细致的分工尚不太可能，因此，要求社区矫正工作者花大力气把握有关法律规定的原则和具体的条款，以便做到严格执法、公正执法，确保社会稳定。

（二）社区矫正工作者应把握矫正对象的矫正特点和规律

在社区中对罪犯进行改造和矫正，是我国社区矫正工作中的一项全新任务。罪犯的犯罪有其主观原因和客观原因、宏观原因和微观原因。是否能有效地控制和预防罪犯在社区中重新犯罪，在很大程度上取决于对罪犯个体情况的具体分析，从而有针对性地采取一定的对策和措施。因此，需要矫正工作者把社会学、心理学、犯罪学和有关科学的基本理论和常识运用于对罪犯的改造和矫正之中。像医生对待病人那样，首先发现罪犯的症结所在，然后对症下药，使罪犯病情得到好转。在社区中对罪犯的改造与在监狱中对罪犯的改造有所不同。在监狱，罪犯处于与社会的隔离状态，教育改造的效果并不能及时地反映出来；而在社区中，罪犯处于一个开放的社会之中，对罪犯教育改造的效果好坏，往往能更为直接地反映出来。因此，对社区矫正工作者来说，需要有更高的水平和更强的工作能力。



（三）社区矫正工作者应具备社会工作者应该具有的工作能力和工作方法

社区矫正工作者既要扮演刑事执法者的角色，也要扮演对罪犯进行帮助和服务的角色。作为一个社区矫正工作者，应该掌握社区建设的发展与现状，通过社区工作的方法，更多地了解社区的文化建设、人口特点、资源配置、环境状况以及管理体制等，充分利用社区资源有效地预防和控制犯罪。社区矫正工作者的工作方法主要有直接社会工作方法和间接社会工作方法。直接的社会工作方法，其特点是社区矫正工作者直接与社会工作对象接触，获得社会工作服务的效果。直接社会工作方法包括个案社会工作、群体社会工作和社区社会工作。间接的社会工作方法是指社区矫正工作者间接地对社会工作对象进行服务的方法，主要包括社会工作监督、社会工作研究、社会工作咨询、社会立法、社会政策、社会工作行政方法等。

（四）社区矫正工作者应能不断提高社区矫正工作中的创新意识

社区矫正工作在国外已有较长的发展历史，但对我国的刑事法制建设来说，却是一个新生事物。目前，我国的刑事法律对这方面的规定尚不健全，有些条款需要在实践的基础上修改、补充和完善。因此，社区矫正工作者应该从保持长期和谐稳定的社会环境的大局出发，在有利于保护社会又有利于保障人权的前提下，敢于借鉴国外社区矫正的成功经验，结合我国的国情，进行积极的探索和尝试，为我国刑事法制的健全积累经验。

## 第三节　社区矫正志愿者

### 一、社区矫正志愿者

志愿者是利他主义和慈善主义志愿精神的实践者，是指那些具有志愿精神、能够不计报酬、主动帮助他人、以具体的行动参与社会所需要的社会服务、承担社会责任的活动者。

（一）社区矫正志愿者的概念

社区矫正志愿者是指居住在社区，热心参与社区矫正工作的社会团体人员、专家学者、离退休干部、教师、高校学生，社区矫正对象单位的工作人员、家属和近亲属等，他们是利用业余时间参与社区矫正工作，参与对犯罪人的改造和出狱人的社会安置帮教工作的志愿者。

（二）社区矫正志愿者的条件和主要职责

（1）基本条件：拥护宪法，遵守法律，品行端正；热心社区工作；有一定的法律政策水平、文化素质和专业知识。

（2）主要职责：负责具体结对的社区矫正对象的日常帮教工作；协助司法所及工作人员做好社区矫正对象的监督管理、教育矫正、奖惩考核等工作；积极反映并帮助社区矫正对象解决工作、生活、学习等方面的实际困难和问题；完成司法所布置的其他矫正工作任务。

（三）志愿者的招募

志愿者的招募，首要条件就是申请者有无志愿服务精神。矫正机构要详细了解其动机和理想，那些带着强烈个人功利动机的申请者，不能成为社区矫正的志愿者。志愿精神是社区矫正工作的立足之本和生命源泉。其次，志愿者要通过面试与培训。通过面试的申请者，都要接受培训，培训的第一课就是了解志愿者与志愿精神。再次，在管理方面，矫正机构制定的咨询守则、道德规范，都应突出志愿服务与志愿精神。

志愿者工作有两个方面的目的：一是为志愿者提供自我发展和自我成长的机会；二是能够最大可能地调动社会各个方面的资源，弥补政府或服务机构资源的不足。

### 二、志愿者参与社区矫正的意义

社区矫正是一项复杂的社会系统工程，其性质是专门机关工作与社会工作的结合体，是融社区刑罚执行、监狱行刑社会化和出狱人社会保护等多方面内容为一体的综合性制度，所以既需要专业力量，也需要社会志愿者力量。通过专业力量与社会力量资源整合，充分发动群众力量参与矫正，使犯罪人既能在社区中得到矫正，又能够在与社区的交往联系中体会到人性的光辉与温暖，从而逐步纠正其犯罪人格与犯罪心理结构，最终达到完全再社会化的目的。因此，社区矫正应当在国家专门机关的组织和指导下，积极发展社会群众以组织化的形式参与这项工作，聘请社区矫正志愿者，有针对性地开展适合矫正对象心理和生活形式的社会服务、矫正保护工作等。这不仅有利于降低行刑成本、提高矫正效果，还有利于强化社区凝聚力，提高社区的自治化、组织化程度，从而将社区矫正工作完美地融合到社区建设这个宏观的社会系统工程建设中。通过社区矫正志愿者的号召，给矫正对象一个健康的社会氛围和社区环境，以促进矫正对象的改造，平缓他们对社会的不满和仇恨，减少矫正对象重新犯罪的可能。充分调动社区志愿者参与社区矫正工作，社区矫正将获得最大的社会支持，并且为社区矫正工作带来新的局面。

（一）志愿者参与社区矫正提供了看问题的新视角

志愿者在社区矫正中心的管理与服务是从矫正对象的基本需求出发，强调的是平等、尊重、接纳，讲究的是以人为本、助人自助，并注重根据每个人的不同特点制订个性化的矫正方案。根据社会工作专业的治疗理论，犯罪人是“病人”，是“暂时丧失或缺失社会功能”，志愿者的责任就是“帮助他们恢复正常功能”。这提供了一种自上而下的新视角，是在刑罚执行体系和过程中不可忽视的。



（二）志愿者参与社区矫正提供了解决问题的新思路

社区矫正的最终目的是让矫正对象不再重新犯罪，顺利回归社会。与法律强制性的惩罚不同，社区矫正中心的侧重点是利用志愿者的力量协助专业工作者对矫正对象进行全面的自我分析，找出潜在的优势和能力，并加以强化，让其主动、自发地发生改变，减少偏差行为重新发生的可能性。如果说将法律比作西医，病患者身体的哪个部分细胞坏了，就动手术将它切除；那么利用志愿者力量的社区矫正工作就是中医，提倡固本培元。

（三）志愿者参与社区矫正为刑罚执行活动注入了新内涵

一个人犯罪有着各种主客观原因，即使完全是主观的原因，他也是个人，无论重罪、轻罪都应该得到人道主义待遇。社区矫正工作正是秉承着平等、尊重、接纳、无批判的工作原则，运用同情心、积极聆听等技巧，与工作对象建立良好的专业关系，关心工作对象的感受，了解他们的需要，从而促使工作对象发生改变，做到不再犯罪，重新做人。

(四) 志愿者参与社区矫正为刑罚执行对象的转化提供更有效的社区社会工作方法

首先，通过志愿者参加社区社会工作，宣传平等、尊重的理念，并组织社区服刑人员通过工艺劳动的方式向社会展示自己改过自新的风貌，以减少社会对矫正对象的歧视；其次，通过组织社区志愿者对矫正对象进行关心和帮助，是对矫正对象进行帮教工作的延伸，有利于营造更安全、更和谐的居住环境；再次，志愿者的参与也起到整合社区各项资源，合理运用社会救助、就业培训、法律援助等保障体系，协助矫正对象获得应有的社会支持，满足他们的基本生活需求，促进其顺利回归社会。

在我国，上海的社区矫正工作队伍来自三个方面：一是监狱、公安系统的干警及司法所的干部；二是向社会招聘的人员；三是志愿者队伍。北京的社区矫正基层工作队伍除专业从事矫正工作的民间组织的正式成员外，社区矫正工作者还包括来自社会各个领域的志愿者。这些志愿者利用业余时间参与社区矫正工作，参与对犯罪人的改造保护和出狱人的社会安置帮教工作。

在北京朝阳区，社区矫正志愿者主要包括个人志愿者和团体志愿者。个人志愿者主要包括专家学者、知名人士、离退休干部、社区居委成员、矫正对象的近亲属和所在单位的人员等。团体志愿者主要是高等院校的高年级的大学生志愿者。其工作方式是：社会志愿者通过开展各种专业辅导、咨询、“一帮一”结对子等多种方式，参与对矫正对象的监督、管理和教育工作，促进矫正对象的改造。对这些志愿者，相关部门和组织要积极创造条件，为他们提供适当的参与途径，以增强社区矫正的后备资源和工作实力，这不仅有利于提高社区矫正在民间的社会支持度，还有利于储存社区矫正的后备资源。

## 三、社区矫正志愿者组织发展面临的困境

在社区矫正的实践中，志愿者组织的参与遇到的主要问题包括：

(一) 对于规范志愿者组织的法律、法规存在着很大的空白

由于规范志愿者的法律、法规存在很大的空白，使得这些组织参与社区服务缺少规范化的途径，而且没有法律的支持，志愿者组织很难在更广阔的范围内得到社会大众的认可。

(二) 志愿者组织机构制度不健全，缺少正式的组织、培训、管理、评估、保障和奖励机制

目前，志愿者组织机构制度不健全，缺少正式的组织、培训、管理、评估、保障和奖励机制，这就导致目前我国的志愿者组织良莠不齐，这些组织提供服务的质量不能从根本上得到保障。为了规范志愿者组织的工作内容，政府

提高了志愿者组织的审批门槛，同时对现存的志愿者组织进行了直接或间接的管理。这些举措虽然规范了志愿者组织的工作，但新的问题随之产生，即志愿者组织行政化色彩浓重，失掉了志愿者组织的特点。同时，由于政府提高了行业准入门槛，使得在这一行业内缺少必要的竞争，现存的组织缺乏市场意识，服务水平得不到提高。

（三）志愿者队伍专业性不强

北京市朝阳区已经有社区矫正志愿者 500 余人，但有一些志愿者对社区矫正知识不是很熟悉。最初大部分人不知道什么是社区矫正，只是对志愿者服务本身非常有兴趣。现在，通过大量的宣传和培训，越来越多的志愿者已知道社区矫正的意义，并在不断地掌握社区矫正的专业方法。其实，志愿者不仅要有很强的志愿精神，还要有专业技能。所以，从招募志愿者开始，就要意识到这个问题，不论是个人志愿者还是团体志愿者，都要有专业技能，这样才可以在各个方面帮助有不同需求的矫正对象。如具有社会学知识的志愿者帮助矫正对象在矫正中心开展团体活动；有艺术特长的志愿者协助矫正对象完成他的漫画创作；有电视编辑特长的志愿者记录拍摄矫正对象的生活，并在学校和社区中做好宣传。

（四）缺乏志愿者激励机制

首先，我们要看到在矫正中心服务的志愿者，他们有着自己领域的专业发展，同时他们要花费大量的时间和精力。专业志愿者可以得到一定的收入补偿，短期是可行的，但这不是长期的办法。其次，我们要看到个人志愿者和大学生志愿者，他们没有经济补偿，完全是凭借爱心从事志愿服务。这种志愿精神值得提倡，但在本工作上的花费应该得到报销。这个问题得不到解决，很难保证志愿者工作的持续性，对志愿者提供必要的津贴是管理的重要方面。虽然志愿者的参与是出于对社会的道义，但合理、必要的津贴有助于保护志愿者的公益热情，为他们的参与提供方便。

（五）大学生志愿者积极性的维护问题

我国是以学校学生矫正志愿者团体的形式，由学校的青年志愿者协会管理本校的社区矫正志愿者。学生们需要在一个学期内发展大型的有关社区矫正的活动。但是，由于社区矫正的活动一定会涉及矫正对象，故我们必须考虑大学生的安全。当同学们策划好活动时，一些活动却因矫正工作的特殊性而得不到批准，这无疑会打击大学生参与社区矫正工作的积极性。

（六）社区矫正志愿者的队伍培训与建设问题

矫正志愿者需要有更多的专业知识，但企图通过速成的方式来培养专业矫正志愿者是困难的，因而应该进行合理、科学、系统的培训。虽然目前各行各业不断地成立了志愿者服务团体，志愿者和志愿者现象层出不穷，但工作人员往往因缺乏专业的知识及经验，致使在推动志愿者工作上产生困难和障碍。同时，由于机构层面欠缺整体的政策，部门之间各自为政，而且对志愿者的管理常以随意性的方式推行，这除了会导致对志愿者的参与产生障碍外，也难以维持志愿者参与的兴趣和热诚。缺乏机构政策及资源上的支持，且没有一套有效管理志愿者的方法，工作人员只有自行其是、盲目摸索，结果导致志愿者对机构及社会的贡献事倍功半。

# 第四章　社区矫正对象的接收

社区矫正对象的接收是社区矫正工作的首要环节。只有正式接收后，才能真正由基层司法行政机关对矫正对象进行矫正。基层司法行政机关也只有在正式接收后，才有了进行矫正工作的可能。因此，做好社区矫正对象的接收工作非常必要。为此，一些法律文件对社区矫正对象的接收程序作了明确的规定，如司法部出台的《司法行政机关社区矫正工作暂行办法》第十六条规定："社区服刑人员，由其居住地司法所接收；户籍地与居住地不一致的，户籍所在地司法所应当协助、配合居住地司法所开展矫正工作。"该办法第二十一条又规定："社区服刑人员居住地的司法所应当及时接收社区服刑人员，予以登记，建立档案，对其进行谈话教育，告知社区服刑人员的权利、义务。"而一些地方，如北京、江门等地更是在其制定的法律文件中详细规定了接收的内容，使接收工作更具有可操作性。

## 第一节　概　述

### 一、社区矫正对象的接收的概念与管辖

社区矫正对象的接收，也就是社区服刑人员的接收，是指社区矫正组织根据有权机关作出的生效判决、裁定或决定，在特定的时限内与人民法院、监狱管理机关或公安机关交接有关法律文书和相关材料，履行相关法律手续，将矫正对象纳入社区矫正活动的过程。社区矫正对象的接收具有以下特征：

（1）接收是社区矫正工作的首要环节，是将矫正对象纳入社区矫正组织（司法行政机关）进行管理和教育的起始。社区矫正是由社区矫正组织对法律规定的五种人实施非监禁刑罚处遇措施的一种刑罚执行方式。社区矫正组织只有从有关机关手中把矫正对象和有关凭证接收过来，才能合法地针对矫正对象实施矫正。没有矫正对象的接收，也就无法实施矫正。

（2）矫正对象的接收以有权机关作出的生效判决、裁定或决定为依据。矫正对象的接收是一项严肃、严格的法律程序，它影响到对矫正对象采取不同的处遇措施，必须依据有权机关作出的生效判决、裁定或决定。它以法律文书

和相关材料为载体、以履行法律手续为表现形式。否则，社区矫正组织无权对任何人实施矫正。

（3）具有时效性。矫正对象的接收必须在法律规定的期限内进行。根据《司法行政机关社区矫正工作暂行办法》的有关规定，有关机关应在7日内将有关文书材料寄至矫正对象居住地的公安派出所和司法所，矫正对象应当在判决、裁定、决定发生法律效力之日起7日内或者离开监（所）之日起7日内到居住地司法所报到。

（4）矫正对象的接收工作是由多个执法主体相互衔接与协作共同完成的。由于在矫正对象的接收之前，对矫正对象的刑罚决定、羁押是由法定的不同部门进行的，所以，矫正对象的接收要通过社区矫正组织（司法行政机关）与多个执法主体相互衔接才能实现。从目前我国的实际情况来看，主要是社区矫正组织（司法行政机关）与人民法院、公安机关以及监狱的衔接。

矫正对象的接收应由矫正对象居住地的社区矫正组织来管辖，以有利于矫正工作的进行。

## 二、社区矫正对象接收程序的设定原则

社区矫正对象接收程序的设定原则主要有以下几个：

（1）依法办事原则。社区矫正对象的接收必须依照法律的规定来进行，包括接收主体、接收程序、期限等不能违反法律的规定，以维护接收工作的严肃性。

（2）效率原则。社区矫正对象的接收必须及时，以便尽快地使矫正对象接受矫正，使矫正对象顺利回归社会。

（3）利于矫正原则。社区矫正对象的接收必须有利于对矫正对象的矫正。如果接收后不能实现对矫正对象的犯罪意识和行为习惯的矫正，不能使其真正回归社会、融入社会，那么就没有接收的必要。

## 三、矫正对象接收工作的主要内容

### （一）对物的接收：法律文书和相关材料的接收

接收时，有关机关要把与接收有关的法律文书和相关资料备齐，在接收时交给社区矫正组织。与接收有关的法律文书和相关资料基于服刑人员的种类不同而有所不同，主要有刑事判决书副本、起诉书副本、刑事执行书（复印件）、结案登记表（复印件）、暂予监外执行审批表（复印件）或暂予监外执行决定书（复印件）、病残鉴定书（复印件）、执行通知书和接收社区矫正保证书等。

(二) 对人的接收：与矫正对象见面并办理登记

在法律规定的期限内，有关机关把矫正对象带到社区矫正组织工作地，会同矫正对象的家属，一起办理接收手续，包括对矫正对象予以确认、登记、填写相关表格、首次谈话教育等。

## 四、接收中的报到、登记、宣告

在社区矫正对象的接收过程中，要严格执行报到、登记、宣告等制度。报到就是矫正对象要在规定的日期到社区矫正组织工作地报到，作为社区矫正组织（司法行政机关）对矫正对象进行管理和教育的起始标志之一。登记是在矫正对象报到时，社区矫正组织（司法行政机关）将矫正对象的报到等事项记载在登记簿的制度，作为社区矫正组织（司法行政机关）接收的书面依据。宣告是社区矫正组织（司法行政机关）在矫正对象报到时，向矫正对象告知接受矫正的相关情况。通过宣告，让矫正对象明白其所处的位置、今后的行为要求。

## 五、矫正方案的制订

矫正方案的制订是指社会矫正组织针对某一特定矫正对象，为矫正其犯罪意识和行为习惯，促使其顺利回归社会，而拟订并予以实施的具体矫正计划。接收矫正对象后，要针对这一矫正个体制订矫正方案，才能使矫正工作有步骤地展开。

(一) 制订矫正方案应遵循的原则

1. 个案矫正的原则

矫正方案并不是对整体矫正工作如何进行而制订的方案，因此，它不属于带有普适性的规范性文件，而是针对需矫正的特定个体制订的具体实施方案。依此原则，对每一个矫正个体都要制订一个矫正方案。

2. 以人为本、教育为先的原则

由于社区矫正不是简单地对罪犯进行控制和惩罚，而是在社会公共系统和公众的监督与管理之下，对其进行身心矫正。它是对较为轻微的犯罪人采取的一种人性化的非监禁刑罚处遇措施。因此，矫正方案也必须体现人性化，方案的实施以教育为首要手段。

3. 因人制宜原则

不同的矫正对象，其犯罪动机、犯罪类别、被处以刑罚种类、思想状况、教育程度、对社区矫正的认同程度等都是不同的，因此，必须针对不同的矫正对象的具体情况，分别制订不同的矫正方案。即使对犯同一罪、处以相同刑罚的不同罪犯，对其进行社区矫正时，也不能只制订一个矫正方案。

4. 集体研究、专人负责的原则

制订什么样的矫正方案，应发挥集体的智慧，这样才能使矫正方案比较完善，有利于对矫正对象的矫正。而在具体制订的时候，则由专门的人员来负责，以使矫正方案的制订工作能具体落实。

5. 注重实效的原则

矫正方案的制订要保证依此方案对矫正对象进行矫正时，确实起到良好的效果。因此，矫正方案的制订不追求辞藻的华丽和形式的完美，而是追求对矫正工作有用，能真正矫正好矫正对象。

(二) 矫正方案的制订程序

矫正方案的制订应做好以下几个方面的工作：

1. 确定矫正工作负责人

这是指确定由谁来负责具体的矫正工作。矫正工作负责人由担任司法所第一领导职务的人指定，一般是由司法所所长指定。被指定的矫正工作负责人负责具体的矫正工作，包括进行调查研究、起草矫正方案、对其负责的矫正个案具体组织和执行矫正。而担任司法所第一领导职务的人则作为第一责任人负责对矫正个案的建立和实施，包括指定矫正工作负责人，组织矫正工作人员集体研究和确定矫正个案，领导、检查、督促矫正个案的实施。

2. 起草矫正方案前的准备

起草矫正方案前应做好两项准备工作：走访调查和综合分析评定。

走访调查，就是深入矫正对象居住地、犯罪地或其所在单位，向当地群众或其所在单位领导了解矫正对象的基本情况，形成对矫正对象的个体化认识，并以此作为起草矫正个案的基础。走访调查的内容主要是：调查其个人基本情况（居住地、户籍地、家庭基本情况、就业情况等）、犯罪成因、心理特征、受害人态度、周围群众和矫正对象亲属及同事的反映、有无影响矫正的因素（包括矫正对象有无违法、违纪倾向或苗头）等。走访调查可以采取查阅其个人档案、走访、信函、个人谈话及测试等方法来完成。

综合分析评定，是在走访调查的基础上，依据调查取得的材料，对矫正对象通过综合分析所作出的评定。通过综合分析评定，明确是否存在影响矫正的因素，确定矫正的措施、重点和主攻方向。综合分析评定的内容主要包括素质缺陷分析、需求分析、危险程度分析、矫正难易程度分析等。采取的方法一般是综合运用心理学、教育学、社会学和法学等知识进行系统分析。

3. 起草矫正方案

社区矫正工作机构在走访调查和综合分析评定的基础上，对矫正对象制订矫正方案。

矫正方案应包括矫正对象的个人简历、犯罪和刑罚情况、身体健康状况、家庭主要成员情况以及矫正意见等内容。矫正方案实质上是根据矫正对象的犯罪类型、认罪态度、身体状况、思想和行为习惯、危险程度、利益需求，确定对矫正对象实施矫正的方法和措施，包括谈话、定期报到、学习、就业培训、参加公益劳动等。

矫正方案起草后应听取矫正对象及其家属和协助单位的意见，并经司法所矫正小组集体讨论通过后，作为矫正工作的依据。

值得一提的是，并不是所有需要矫正的对象都要制订矫正方案，对于那些患有精神病、年老、病残、生活不能自理的矫正对象，出于人性化考虑，可以不制订矫正方案。

## 第二节　社区矫正对象接收中各部门工作的衔接及接收程序

### 一、社区矫正对象接收中各部门工作的衔接

社区矫正对象接收中各部门工作的顺利衔接是社区矫正工作合法、有序进行的保障。为了使社区矫正对象接收中各部门工作衔接的完善和制度化，一些地区分别通过法律、规章加以规范。例如，《江门市社区矫正工作实施办法（试行）》第十三条至第十八条规定了社区服刑人员和法律文书的接收。《北京市社区矫正工作实施细则（试行）》也对此作了规定。而北京市司法局还专门通过《社区矫正对象接收工作和衔接规定（试行）》详细规定了审判机关与司法行政机关工作的衔接、公安机关与司法行政机关工作的衔接、监狱与司法行政机关工作的衔接。

（一）审判机关与司法行政机关工作的衔接

审判机关与司法行政机关工作的衔接是指人民法院将判处管制、宣告缓刑及单处剥夺政治权利的被告人，或者决定暂予监外执行的罪犯，连同法律文书及相关材料，移交司法行政机关，由司法行政机关对其实施矫正的程序。根据《江门市社区矫正工作实施办法（试行）》、《北京市社区矫正工作实施细则（试行）》、北京市《社区矫正对象接收工作和衔接规定（试行）》的有关规定，审判机关与司法行政机关工作的衔接程序如下：

1. 核实

人民法院对判处管制、宣告缓刑及单处剥夺政治权利的被告人，或者决定暂予监外执行的罪犯，在宣判或作出决定前，应向其固定居住地派出所核实其居住地址。

人民法院核实罪犯的居住地址，是为了矫正工作的准确衔接。通过核实，人民法院确定了罪犯居住在何地，也就明确了应该和哪里的司法行政机关进行工作的衔接，不至于衔接错误，影响工作。人民法院在核实罪犯居住地址时，派出所应予以配合。

2. 告知

人民法院对判处管制、宣告缓刑及单处剥夺政治权利的被告人，或者决定暂予监外执行的罪犯，在宣判或作出决定时，应告知其必须接受社区矫正，并责令矫正对象当庭作出接受社区矫正的书面保证。被告人或罪犯如果是未成年人，则应由其监护人作出接受社区矫正的书面保证。

同时，人民法院对判处管制、宣告缓刑及单处剥夺政治权利的被告人，或者决定暂予监外执行的罪犯，应向其宣读并发给社区矫正告知书，告知其在判决生效或决定作出后 7 日内，持刑事判决书或暂予监外执行决定书到其固定居住地的镇、街道办事处社区矫正办公室以及公安派出所办理登记手续。

3. 寄送法律文书及相关材料

人民法院应当自判决生效或决定生效之日起 7 日内，将有关文书材料以特快专递的方式或其他方式送至罪犯固定居住地所在区（县）司法局基层科（或区、县司法局设立的社区矫正办公室）。区（县）司法局基层科（社区矫正办公室）收到材料后，应及时办理回执手续，将回执以挂号信的方式或其他方式返回人民法院，并及时将有关材料移交镇、街道办事处社区矫正办公室。

由于服刑人员的种类不同，送达的文书材料也不同。判处管制、宣告缓刑和单处剥夺政治权利罪犯送达的文书材料内容包括刑事判决书副本、起诉书副本、执行通知书（复印件）、结案登记表（复印件）和接受社区矫正保证书等；暂予监外执行罪犯送达的文书材料内容包括暂予监外执行审批表（复印件）或暂予监外执行决定书（复印件）、起诉书副本、病残鉴定书（复印件）、刑事判决书副本、执行通知书（复印件）、结案登记表（复印件）和接受社区矫正保证书等。

（二）公安机关与司法行政机关工作的衔接

公安机关与司法行政机关工作的衔接是指公安机关把暂予监外执行、假释、附加剥夺政治权利的罪犯在出所前或在刑满释放前，连同法律文书及相关材料，移交司法行政机关，由司法行政机关对其实施矫正的程序。根据《江门市社区矫正工作实施办法（试行）》、《北京市社区矫正工作实施细则（试行）》、北京市《社区矫正对象接收工作和衔接规定（试行）》的有关规定，当地公安机关与司法行政机关工作的衔接程序如下：

1. 核实

暂予监外执行、假释罪犯出所前和附加剥夺政治权利罪犯刑满释放前，看守所应向其固定居住地派出所核实其居住地址。

看守所核实罪犯的居住地址，同样是为了矫正工作的准确衔接。通过核实，看守所确定了罪犯居住在何地，也就明确了应该和哪里的司法行政机关进行工作的衔接，不至于衔接错误，影响工作。看守所在核实罪犯居住地址时，派出所也要给予配合。

2. 告知

暂予监外执行、假释罪犯出所前和附加剥夺政治权利罪犯刑满释放前，看守所应向其宣读并发给社区矫正告知书，告知其必须接受社区矫正，服从矫正组织的管理教育，同时令其作出接受社区矫正的书面保证。

而在暂予监外执行、假释和附加剥夺政治权利罪犯出所时，看守所应告知其自出所之日起 7 日内持批准暂予监外执行决定书或假释证明书或释放证明书到其固定居住地司法所（固定居住地的镇、街道办事处社区矫正办公室）、公安派出所办理登记手续。

3. 寄送法律文书及相关材料

看守所应在暂予监外执行、假释和附加剥夺政治权利罪犯出所之日起 7 日内，将有关文书材料以特快专递的方式或其他方式送至罪犯固定居住地所在区（县）司法局基层科（社区矫正办公室）。区（县）司法局基层科（社区矫正办公室）收到材料后，应及时办理回执手续，将回执以挂号信的方式或其他方式返回看守所，并及时将有关材料移交镇、街道办事处社区矫正办公室。

由于服刑人员的种类不同，送达的文书材料也不同。暂予监外执行罪犯送达的文书材料内容包括暂予监外执行审批表（复印件）或暂予监外执行决定书（复印件）、起诉书副本、病残鉴定书（复印件）、刑事判决书副本、执行通知书（复印件）、结案登记表（复印件）和接受社区矫正保证书等；假释罪犯送达的文书材料内容包括假释裁定书（复印件）、刑事判决书（复印件）、罪犯在看守所服刑期间的改造表现材料和接受社区矫正保证书等；附加剥夺政治权利罪犯送达的文书材料内容包括刑事判决书（复印件）、罪犯在看守所服刑期间的改造表现材料和接受社区矫正保证书等。

（三）监狱与司法行政机关工作的衔接

监狱与司法行政机关工作的衔接是指监狱把暂予监外执行、假释、附加剥夺政治权利的罪犯在出监前或在刑满释放前，连同法律文书及相关材料，移交司法行政机关，由司法行政机关对其实施矫正的程序。根据《江门市社区矫正工作实施办法（试行）》、《北京市社区矫正工作实施细则（试行）》、北京市

《社区矫正对象接收工作和衔接规定（试行）》的有关规定，监狱与司法行政机关工作的衔接程序如下：

1. 核实

暂予监外执行、假释罪犯出监前和附加剥夺政治权利罪犯刑满释放前，监狱应向其固定居住地派出所核实其居住地址，以便矫正工作的准确衔接。监狱核实罪犯居住地址时，派出所应予以配合。

2. 告知

暂予监外执行、假释罪犯出监前和附加剥夺政治权利罪犯刑满释放前，监狱应向其宣读并发给社区矫正告知书，告知其必须接受社区矫正，服从矫正组织的管理教育，同时令其作出书面保证。

暂予监外执行、假释和附加剥夺政治权利罪犯出监时，监狱应告知其自出监之日起 7 日内持暂予监外执行证明书或假释证明书或释放证明书到固定居住地司法所（固定居住地的镇、街道办事处社区矫正办公室）、公安派出所办理登记手续。

3. 寄送法律文书及相关材料

假释和附加剥夺政治权利罪犯出监后，监狱应将有关文书材料以特快专递的方式寄至罪犯固定居住地所在区（县）司法局基层科（社区矫正办公室）。材料应当自罪犯出监之日起 7 日内发出。区（县）司法局基层科（社区矫正办公室）收到材料后，应及时办理回执手续，将回执以挂号信的方式或其他方式返回监狱，并及时将有关材料移交镇、街道办事处社区矫正办公室。

由于服刑人员的种类不同，送达的文书材料也不同。假释罪犯送达的文书材料内容包括假释裁定书（复印件）、刑事判决书副本、出监鉴定表（复印件）、近三年内年度评审鉴定表、心理评估表和接受社区矫正保证书等；附加剥夺政治权利罪犯送达的文书材料内容包括刑事判决书副本、出监鉴定表（复印件）、近三年内年度评审鉴定表、心理评估表和接受社区矫正保证书等。

监狱管理局批准罪犯暂予监外执行后，监狱应当自接到监狱管理局的批复之日起 7 日内将有关文书材料直接送达罪犯固定居住地所在区（县）司法局基层科；紧急保外就医的，应立即送达。

暂予监外执行罪犯送达的文书材料内容包括暂予监外执行审批表（复印件）或暂予监外执行决定书（复印件）、起诉书副本、病残鉴定书（复印件）、刑事判决书副本、执行通知书（复印件）、结案登记表（复印件）和接受社区矫正保证书等。

## 二、社区矫正对象接收程序

社区矫正对象接收程序，是指社区矫正对象接收仪式，即社区服刑人员（矫正对象）在规定的日期到社区矫正组织工作地报到时，由司法行政部门接收所遵循的具体步骤。根据社区矫正的相关规定和实践中的具体做法，社区矫正对象接收主要按照下列程序来进行：

### （一）接收程序启动前的准备

（1）确定接收仪式参加者。谁来参加接收仪式，应遵循能保证接收的严肃性这一原则考虑确定。一般而言，举行接收仪式至少要有司法所工作人员、辖区公安民警、社区矫正对象及其亲属参加，必要时可让帮教小组成员和社区矫正志愿者参加。

（2）司法所工作人员要做好相关工作。在正式接收前，司法所工作人员要对前来报到的社区矫正对象的个人基本情况进行核实、确认，以便对社区矫正对象有一个基本的了解，进而保证接收的顺利进行和矫正工作的开展。同时，司法所工作人员还要对社区矫正对象能否在规定期限内报到进行核查，以便根据情况作出不同的处理。

### （二）社区矫正对象接收的具体程序



在对社区矫正对象进行接收，即举行接收仪式时，应做到以下几个方面：

（1）确定接收时间。即要求在法定的期间内，确定何时接收。一般可由审判机关、公安机关或监狱等相关部门与司法行政部门协商，只要不超出法定期间，在任何时间接收都可以。

（2）由审判机关、公安机关或监狱在确定的时间由执行人员（干警）将社区服刑人员带到基层司法行政机关。同时，通知社区服刑人员的相关亲属也一同到场。必要时可通知帮教小组成员和社区矫正志愿者参加。

（3）由基层司法行政机关工作人员（司法所工作人员）向社区矫正对象宣读社区矫正宣告书，并由社区矫正对象在社区矫正宣告书上签字。

（4）司法所工作人员进一步核实该社区矫正对象的基本状况，特别是其进行社区服刑的事由，并进行笔录。随后告知该社区矫正对象及其亲属在社区矫正期间的权利和义务及应遵守的相关事项。

（5）填写相关表格，主要是由社区矫正对象填写社区矫正对象登记表。如果在先期送达的相关材料中没有接受社区矫正保证书的，可由社区服刑人员在此时补填接受社区矫正保证书。此外，司法所工作人员还要与社区矫正对象的亲属签订社区矫正监护责任书。需要帮教小组成员和社区矫正志愿者参加矫正的，由司法所工作人员与其签订社区矫正志愿者帮教协议书。

（6）对社区矫正对象进行首次矫正，即谈话教育。在接收的同时，应由司法所工作人员对社区服刑人员进行首次谈话教育，必要时由公安干警对社区服刑人员进行训诫教育，以便及时地保证社区服刑人员真正接受矫正，为社区矫正的成功打下基础。司法所工作人员要对首次谈话教育的内容及该社区矫正对象的表现做好记录，作出初步评价。一方面以此作为矫正活动的书面记载，存入社区矫正对象的档案；另一方面是社区矫正工作规范化的要求。

（7）将相关表格整理归类，交付相关人员。

# 第五章 对社区矫正对象的监督与管理

## 第一节 对社区矫正对象进行监督管理的原则与任务

### 一、监督管理的概念

对社区矫正对象的监督管理是指社区矫正执行机关根据我国法律、行政法规、规章以及社区矫正的相关规定，对社区矫正对象的社区服刑过程依法进行监督、考察和管理，以保障刑事判决和裁定得到严格执行的具体活动。

### 二、监督管理的原则

（一）依法管理原则

依法管理原则是指社区矫正执行机关及其工作人员在开展社区矫正工作过程中，必须严格按照国家有关的法律、法规以及社区矫正相关规定履行职责，做到“有法必依、执法必严、违法必究”。

贯彻依法管理原则的基本要求是：

（1）严格依法办事。

（2）依法保障社区服刑人员的合法权益。

（3）自觉接受监督。

（二）宽严相济原则

宽严相济就是宽大与严厉相结合，即坚持教育与惩罚相结合，宽大以严厉为底线，严厉中又要保障人权，体现以人为本。“济”在此有相互渗透、补充、结合的意思。宽严相济就是宽与严的对立统一。“宽严相济”是我们国家一贯实行的基本刑事政策。它不但体现在刑事立法过程中，而且还应当体现在刑事司法机关对监外服刑人员的监管工作中，即对社区服刑人员的监管要坚持严格依法、区别对待、选择施用和注重效果的基本要求。

贯彻宽严相济原则的基本要求是：

（1）监管社区矫正对象要体现“宽严相济”的刑事政策，要以国家刑事法律为依据，我国法律对不同的社区服刑人员的监管各有具体规定。社区矫正执行机关在监管社区服刑人员的活动中，对社区服刑人员从“严”或从“宽”

实施监管，都不许超出法律规定的范围。

（2）要做到法律效果、政治效果和社会效果相统一。

（3）要坚持以人为本的发展观，树立尊重和保障人权的基本理念，努力营造尊重人、爱护人、帮助人的良好氛围。

（4）要坚持德法并举，宽严相济。

（三）科学管理原则

科学管理原则是指社区矫正执行机关在对社区矫正对象实施监督管理的过程中，必须遵循客观事物的发展规律，在先进的社区矫正思想和理念的指导下，运用科学的方法和手段实施监督管理，以获取最佳的管理效果。

贯彻科学管理原则的基本要求是：

（1）运用科学管理的理论和方法，实施监督管理。

（2）运用先进的科学技术和科学知识，提高监督管理的质量和效果。

（3）遵循社区矫正工作和非监禁刑罚的发展规律实施监督管理。

（四）因人制宜原则

因人制宜原则是指社区矫正执行机关在坚持总体矫正制度的基础上，应该根据矫正对象的犯罪类型、心理特征、家庭背景等的不同特点，有针对性地分别制订不同的个性化矫正方案，做到因人制宜、因人施教、一人一案，确保对矫正对象的教育和管理落到实处。通过采取不同的矫正方法，激发其自觉改过从善，重新生活、重新做人的信心。

### 三、监督管理的任务

社区矫正管理工作的任务是，通过各种有效途径和方法，对社区矫正对象进行全过程、全方位的监督管理，确保刑罚顺利实施，维护社会稳定，促进对社区服刑人员的教育矫正。

（一）保证刑罚的正确、有效执行

通过严格的监督管理制度、规范和程序，保证刑罚执行的每一个过程依法、规范，使刑罚执行过程成为一个良性的控制过程。同时，通过建立一系列具有法律效力的制度、纪律、守则、规范等，保证对社区服刑人员的非监禁刑罚执行工作始终严格地在法制轨道上运行。

（二）控制社区服刑人员的人身危险性，保障社会安全、稳定

这是监督管理工作经常性、根本性的任务，也是开展社区矫正工作的主要目的之一。因此，要牢固树立安全观念和维护社会稳定的责任，并以此为出发点，严格按照各项监督管理制度和规定来履行职责。要把落实监督管理制度和规定与依法、及时惩处社区服刑人员中出现的各类违规、违纪行为结合起来，

努力维护社区矫正秩序以及社会的安全与稳定。

（三）促进对社区服刑人员的教育矫正

对社区矫正对象实施依法、严格、科学、文明以及人性化的监督管理，促进社区矫正对象的思想矫正是监督管理工作的重要任务。

## 第二节 监督管理的主要内容与制度

### 一、监督管理的主要内容

（一）被判处管制的社区服刑人员的监督管理内容

《刑法》第三十九条规定，被判处管制的罪犯，在执行期间应当遵守下列规定：

（1）遵守法律、行政法规，服从监督。

（2）未经执行机关批准，不得行使言论、出版、集会、结社、游行、示威自由的权利。

（3）按照执行机关的规定报告自己的活动情况。

（4）遵守执行机关关于会客的规定。

（5）离开所居住的市、县或者迁居，应当报经执行机关批准。



司法部于2004年出台的《司法行政机关社区矫正工作暂行办法》第二十四条规定，被判处管制的社区服刑人员在社区矫正期间应当遵守下列规定：

（1）遵守法律、行政法规和社区矫正的有关规定，服从监督管理。

（2）未经批准，不得行使言论、出版、集会、结社、游行、示威自由的权利。

（3）定期报告自己的活动情况。

（4）遵守关于会客的规定。

（5）离开所居住的市、县或者迁居，应当报告司法所，并经公安机关批准。

（6）遵守其他具体的监督管理措施。

（二）被宣告缓刑的社区服刑人员的监督管理内容

《刑法》第七十五条规定，被宣告缓刑的罪犯，应当遵守下列规定：

（1）遵守法律、行政法规，服从监督。

（2）按照考察机关的规定报告自己的活动情况。

（3）遵守考察机关关于会客的规定。

（4）离开所居住的市、县或者迁居，应当报经考察机关批准。

《司法行政机关社区矫正工作暂行办法》第二十五条规定，被宣告缓刑或者被裁定假释的社区服刑人员，在社区矫正期间应当遵守下列规定：

（1）遵守法律、行政法规和社区矫正有关规定，服从监督管理。

（2）定期报告自己的活动情况。

（3）遵守关于会客的规定。

（4）离开所居住的市、县或者迁居，应当报告司法所，并经县级公安机关批准。

（5）附加剥夺政治权利的缓刑、假释社区服刑人员还必须遵守本办法第二十七条的规定。

（6）遵守其他具体的监督管理措施。

（三）被裁定假释的社区服刑人员的监督管理内容

《刑法》第八十四条规定，被宣告假释的罪犯，应当遵守下列规定：

（1）遵守法律、行政法规，服从监督。

（2）按照监督机关的规定报告自己的活动情况。

（3）遵守监督机关关于会客的规定。

（4）离开所居住的市、县或者迁居，应当报经监督机关批准。

（四）被暂予监外执行的社区服刑人员的监督管理内容

《司法行政机关社区矫正工作暂行办法》第二十六条规定，暂予监外执行的社区服刑人员，在社区矫正期间应当遵守下列规定：

（1）遵守法律、行政法规和社区矫正有关规定。

（2）在指定的医院接受治疗。

（3）确因治疗、护理的特殊要求，需要转院或者离开居住区域的，应当报告司法所，并经公安机关批准。

（4）进行治疗以外的社会活动应当向司法所报告，并经公安机关批准。

（5）遵守其他具体的监督管理措施。

（五）被判处剥夺政治权利的社区服刑人员的监督管理内容

《刑法》第五十四条规定，被剥夺政治权利是指剥夺下列权利：

（1）选举权和被选举权。

（2）言论、出版、集会、结社、游行、示威自由的权利。

（3）担任国家机关职务的权利。

（4）担任国有公司、企业、事业单位和人民团体领导职务的权利。

《司法行政机关社区矫正工作暂行办法》第二十七条规定，被判处剥夺政治权利的社区服刑人员，在社区矫正期间应当遵守下列规定：

（1）遵守法律、行政法规和社区矫正有关规定，服从监督管理。

（2）不得享有选举权和被选举权。

（3）不得组织或者参加集会、游行、示威、结社活动。

（4）不得出版、制作、发行书籍、音像制品。

（5）不得接受采访、发表演说。

（6）不得在境内外发表有损国家荣誉、利益或者其他具有社会危害性的言论。

（7）不得担任国家机关职务。

（8）不得担任国有公司、企业、事业单位和人民团体的领导职务。

（9）遵守其他具体的监督管理措施。

## 二、对各类矫正对象的日常监督管理制度

### （一）日常报到制度

日常报到是指社区矫正对象在接受矫正期间，根据有关法律、法规和社区矫正监督管理制度的规定和要求，按时、定期向司法所报告自己的思想、工作、学习以及其他活动。

1. 具体规定

社区矫正对象必须每周向司法所报告一次，汇报上周的活动情况。周报到可以以电话报到的方式进行。



2. 管理要求

（1）司法所及其工作人员必须严格执行日常报到管理制度，并按照规定的要求，检查、督促社区服刑人员履行日常报到的义务。

（2）司法所及其工作人员应当结合日常报到管理工作，积极开展个别谈话教育。

（3）司法所及其工作人员应当做好日常报到情况的登记、备案工作。

### （二）监护人制度

社区矫正对象到其居住地的司法所登记报到后，司法所应当根据其家庭及主要社会关系等相关情况，指定一名家庭成员或亲属作为监护人，协助司法所开展对该社区矫正对象的日常监督和帮教工作。

1. 监护人的基本条件

（1）遵纪守法，品行端正，群众反映良好。

（2）具有监管能力和履行监管职责相应的身体条件。

（3）愿意承担监管义务及相应的监管责任。

（4）系其直系亲属或亲友。

没有直系亲属或亲友以及直系亲属或亲友不具备上述基本条件的社区矫正对象，司法所应当在社区矫正对象所在的企业、单位或居住地的村（居、社

区）委等工作人员中，指定一名符合条件的人员担任该社区矫正义务。

2. 监护人的基本职责

（1）对社区矫正对象的遵纪守法和接受社区矫正情况进行监督，并督促社区服刑人员遵守社区矫正规定，履行矫正义务。

（2）随时与社区矫正对象保持联系，及时发现、掌握社区服刑人员的动态及基本情况。

（3）须每月一次以书面或电话的形式，向司法所反馈社区矫正对象的矫正情况。遇有特殊或紧急情况应当及时反映。

（三）迁居制度

社区矫正对象迁居，必须报告司法所，并经公安机关批准。

1. 迁居的审批程序及要求

（1）社区矫正对象本人向司法所提出包括迁居缘由、迁居时间、迁出地和迁入地等内容的书面申请，并填写社区服刑人员迁居审批表。

（2）司法所会同公安派出所核实情况后形成书面情况报告和意见，与社区矫正对象的迁居申请一并提交给当地社区矫正工作领导小组会议研究决定，并经领导小组负责人签署意见后报县（市、区）级社区矫正工作委员会办公室审核。

（3）县（市、区）级社区矫正工作委员会办公室提出审核意见后，转送当地县（市、区）公安机关审批。

（4）司法所在接到县（市、区）级公安机关的批准文书后，应当及时告知社区服刑人员，并要求其在迁入目的地之日起 7 日内到当地司法所登记报到。

2. 迁居审批制度的执行要求

（1）社区矫正对象迁居，迁出地和迁入地的司法所应当办理社区服刑人员监督管理工作交接手续。

（2）社区矫正对象迁出地的司法所在 3 日内向迁入地的司法所书面介绍社区矫正对象的情况，并将社区矫正对象的档案及相关材料转递迁入地的司法所。

（3）迁入地的司法所应当自接到档案及相关材料之日起 7 日内，将社区矫正对象纳入监督管理范围。

（四）请销假制度

社区矫正对象离开所居住的市、县，必须报告司法所，并经公安机关批准。

1. 社区矫正对象外出请假的审批程序及要求

（1）社区矫正对象本人向司法所提出包括外出事由、外出起止时间、具体目的地等内容的书面申请，并填写社区矫正对象外出请假审批表。

（2）司法所核实情况、签署初步意见，转递给当地公安机关审批。

（3）公安派出所审核并签署意见后，上报当地县（市、区）公安机关批准。

（4）司法所在接到县（市、区）级公安机关的批准文书后，应当及时通知社区服刑人员，并发给社区矫正对象外出准假通知书，同时告知其外出期间需要注意的相关事项及要求。

（5）社区矫正对象请假外出期间，需要续假的，由其监护人或亲属代为申请并办理相关手续，并承担督促社区矫正对象按时返回居住地报到的相关责任。

2. 请假外出的社区矫正对象返回居住地后的销假程序及要求

（1）社区矫正对象返回居住地后，应当立即到居住地司法所报到，并报告外出期间的情况。如遇特殊情况，也可通过电话报告司法所，并在次日到司法所办理销假手续。

（2）司法所应当在社区矫正对象按时报到时，详细询问和了解其外出期间的相关情况，收回社区矫正对象外出准假通知书，并将其销假情况填入社区矫正对象外出请假审批表。



### （五）会客制度

（1）社区矫正对象不得会见违法犯罪嫌疑人、同案犯、法轮功等邪教组织以及其他非法组织人员。

（2）未被剥夺政治权利的社区矫正对象接受新闻媒体采访，必须事先报告司法所，由司法所将采访者的基本情况以及所需采访的内容，报县（市、区）级社区矫正工作委员会办公室（司法局）批准。

（3）社区矫正对象会见境外人士，必须向司法所报告，由司法所将来访者的基本情况以及目的，报县（市、区）级社区矫正工作委员会办公室（司法局）批准。

### （六）走访考察制度

走访考察是指社区矫正工作人员根据社区矫正相关规定的要求，定期到社区矫正对象的家庭、居住地的村（居、社区）或工作单位、学校等场所，向有关人员和当地群众了解社区矫正对象的矫正情况，听取相关意见和建议。走访考察工作的具体要求是：

（1）社区矫正工作人员应当每月对社区矫正对象的矫正情况进行实地走访考察。

（2）法定节假日及其他重点时段、重要时期，社区矫正工作人员应当及时走访社区矫正对象的家庭及其亲友，掌握动态情况。

（3）社区矫正对象受到惩处、有重大思想问题或出现其他特殊情况时，社区矫正工作人员应当及时走访。

（4）司法所及其工作人员应当根据走访考察时了解和掌握到的情况，及时对矫正方案和矫正措施进行调整和完善，增强矫正的针对性。

（5）走访考察情况应当及时记入档案。如有必要，司法所及其工作人员也可通过电话或其他方式询问了解情况。

### 三、分级管理及其处遇

对社区矫正对象进行分级管理、分类教育和分级处遇，既是社区矫正工作依法、严格、科学、文明管理原则的具体要求和体现，也是坚持从矫正工作的实际需要和矫正对象的刑罚类别及构成特点出发，进一步增强矫正工作的针对性、有效性，充分调动社区矫正对象的矫正积极性，不断提高社区矫正工作质量的必然要求。

#### （一）管理级别的设置

根据日常监督管理过程中，对社区服刑人员的考核奖惩情况，具体把社区服刑人员的管理级别分为三级四等，即严管级、普管级和宽管级（二级宽管、一级宽管）。根据不同的管理等级，司法所应当给予社区服刑人员不同的矫正处遇。

#### （二）管理等级的确定、递进与变更

1. 管理等级的正常确定、递进

（1）普管级。社区服刑人员自到司法所报到登记之日起即定为普管级。

（2）二级宽管。普管级的社区服刑人员在月度考核评议中连续获得两次优秀或连续获得三次良好以上等级的，升为二级宽管。

（3）一级宽管。二级宽管的社区服刑人员自定为二级宽管之月起在月度考核评议中连续获得两次优秀或连续获得三次良好以上等级的，升为一级宽管。

（4）严管级。社区服刑人员受到警告处分或治安管理处罚或连续 3 个月累计扣 15 分以上的，定为严管级。被定为严管级的，须连续 3 个月月度考核评议在一般等级以上方可升为普管级。

2. 特殊情况下的管理等级变更

（1）普管级的社区服刑人员有重大立功表现的，可直接升为一级宽管。

（2）社区服刑人员在宽管期间，如出现当月累计扣 3 分以上的情况，降一级管理。

（三）分级管理的处遇

1. 严管级的处遇

（1）每周需向街道（镇）社区矫正办公室电话报告一次。

（2）每半个月到街道（镇）社区矫正办公室报到一次，并以书面形式汇报自己的思想与行为活动情况。

（3）每半个月参加一次辖区社区矫正办公室组织的学习、教育活动或社区劳动。

（4）每半个月接受辖区社区矫正办公室家访和群众考察一次。

（5）严格限定活动区域。

（6）自划定严管级之月起连续3个月不得评为表扬。

（7）除非有立功或重大立功表现外自划定之月起连续3个月不得升级。

2. 普管级的处遇

（1）每半个月向辖区社区矫正办公室电话报告一次。

（2）每月到辖区社区矫正办公室报到一次，并以书面形式汇报自己的思想与行为活动情况。

（3）每月参加一次辖区社区矫正办公室组织的学习、教育活动或社区劳动。

（4）每月接受辖区社区矫正办公室家访和群众考察一次。

（5）指定在本区及周边活动，未经批准不许出活动区。

3. 二级宽管的处遇

（1）每月向辖区社区矫正办公室电话报告一次。

（2）每一个半月到辖区社区矫正办公室报到一次，并以书面形式汇报自己的思想与行为活动情况。

（3）定期参加辖区社区矫正办公室组织的学习、教育活动或社区劳动。

（4）每两个月接受辖区社区矫正办公室家访和群众考察一次。

4. 一级宽管的处遇

（1）每两个月向辖区矫正办公室电话报告一次。

（2）每季度交书面思想汇报与行为情况一次。

（3）可酌情减免辖区社区矫正办公室组织的学习、教育活动或社区劳动。

（4）每季度接受辖区社区矫正办公室家访和群众考察一次。

# 第六章　对社区矫正对象的教育矫正

## 第一节　概　述

对社区矫正对象的教育矫正工作是刑罚执行活动的重要组成部分，贯穿于社区矫正工作的全过程。

教育矫正是社区矫正的三大任务之一。“两院”、“两部”的《通知》规定了社区矫正的三项任务，其中第二项为：“通过多种形式，加强对社区服刑人员的思想教育、法制教育、社会公德教育，矫正其不良心理和行为，使他们悔过自新，弃恶从善，成为守法公民。”

《司法行政机关社区矫正工作暂行办法》第二十三条规定：“司法所应当全面掌握社区服刑人员的犯罪原因、犯罪类型、悔罪表现、家庭及社会关系等情况，进行综合分析，根据社区服刑人员被判处管制、宣告缓刑、暂予监外执行、裁定假释和剥夺政治权利等五种类别和不同特点，制定有针对性的教育改造计划和措施，并根据矫正效果和需要，适时作出调整。”

各试点地方关于社区矫正的“试点工作方案”、“实施细则”等，也对社区矫正的教育矫正工作作出了较为具体的规定。有些省份还出台了专门的社区矫正的教育工作规定，如《湖北省社区矫正教育工作规定（试行）》、《江苏省社区矫正教育工作规定（试行）》、《黑龙江省社区矫正教育工作规定（试行）》等。这些规定在很大程度上使教育矫正的工作要求明确化、具体化，也使教育矫正工作更规范化、更具有可操作性。

### 一、教育矫正的概念

社区矫正的教育矫正，是指在社区矫正工作中，由专门的国家机关，在相关社会团体、民间组织及社会志愿者的协助下，对各类社区服刑人员所进行的思想、法制、公德等方面的教育，以及对其不良心理和行为的矫正活动。

教育矫正的主体，是专门的国家机关和相关的社会团体、民间组织以及社会志愿者。其中，基层司法所起着核心的主导作用。各地的《社区矫正教育工作规定》都规定“司法所负责组织开展社区矫正教育工作”。教育矫正的对象，是被宣告、判决、裁定和决定管制、缓刑、假释、暂予监外执行和剥夺政治权利并在社会上服刑的罪犯。

教育矫正具有法定性。对罪犯进行教育矫正，是法律赋予我国刑罚执行机关的一项法定职能。教育矫正工作必须严格遵守我国法律、行政法规以及社区矫正的相关规定，以法律、法规和社区矫正相关规定允许的方法、手段和措施，实施教育矫正工作。

教育矫正具有强制性。教育矫正是社区矫正的三大任务之一，社区矫正是刑罚执行活动，因此，教育矫正是刑罚执行的重要内容，这一性质决定了教育矫正的强制性。对社区矫正对象进行教育矫正，对于社区矫正执行机关来说，是必须进行的一项工作。对于社区矫正对象来说，他们必须依法接受教育矫正。

## 二、教育矫正的任务

对社区矫正对象进行教育矫正的任务，是运用各种有效的教育矫正手段，转化社区服刑人员的思想，促使其认罪悔罪，增强法律意识和道德素养，矫正其不良心理和行为恶习，使其成为适应社会的守法公民。教育矫正的具体任务可以概括为以下两个方面：

### （一）转化思想，促使其认罪悔罪，增强法律意识和道德观



任何犯罪行为都是在一定主观思想意识指导下进行的。犯罪的原因是多方面的，但犯罪者的主观意识不正确往往是其中的重要原因。错误的人生观、价值观，对社会现实的错误认识和理解，法律意识的淡薄，道德感的缺失，对劳动的鄙视、畏惧和不尊重等，这些错误的思想意识是引发犯罪的深层次原因。因此，在整个社区矫正工作中，转化犯罪者的思想始终是矫正工作的重要任务。

转化思想，就是要纠正矫正对象的错误思想，引导他们逐步地树立起正确的思想观念。在这方面，最起码的是要促使矫正对象认罪悔罪。矫正对象不认罪悔罪的原因是多种多样的，如不能从思想深处认识到自己犯罪行为的错误性、危害性；将自己犯罪的原因完全归结为社会、家庭等客观外在因素的影响；认为自己被定罪判刑纯属运气不好；认为自己的犯罪是值得的，甚至是应该的，从而没有悔恨之心，等等。教育矫正工作的首要任务就是纠正这些错误认识。在促使矫正对象认罪悔罪的基础上，增强矫正对象的法律意识和道德素养是教育矫正工作的重要内容和途径。矫正对象在法律意识和道德素养方面的转化往往是艰难而缓慢的，但矫正对象在这方面的提高是其从罪犯转化为守法公民的过程中最关键、最根本的因素。

（二）矫正其不良心理和行为恶习

如果说上面的第一个任务可以简称为“教育”的话，那么，这里的第二个任务则可以简称为“矫正”。对矫正对象的矫正主要包括两方面，即对不良心理的矫正和行为恶习的矫正。

不良心理是导致或影响一部分罪犯走上犯罪道路的重要因素，还有不少罪犯在服刑期间会出现这样那样的心理问题，因此，对罪犯进行必要的心理矫正是现代刑罚执行活动的重要内容。

不少矫正对象存在赌博、吸毒、酗酒乃至懒惰、挥霍等行为恶习。如果这些恶习不改，就很难从根源上避免他们再次走上违法犯罪的道路。有些恶习，如赌博、吸毒、嫖娼等，本身就是违法的。因此，矫正其行为恶习也是教育矫正工作重要而艰巨的任务。

“教育”与“矫正”，这两方面的任务既有一定的区别，又有紧密的联系。“教育”主要针对思想意识，“矫正”主要针对心理和行为；“教育”更具有内在性和深层次性，“矫正”则更具体和外化。但两者在根本目标上是共同的，都是为了将罪犯转变为适应社会的守法公民。两者相互渗透、相互促进、相互转化。思想方面的转化是不良心理和行为矫正的根基；不良心理和行为的矫正反过来会促进思想上的转化，巩固思想转化的成果。“教育”与“矫正”在实际工作中是难以截然分开的。例如，错误的劳动观念与好逸恶劳的行为恶习之间一定是有关联的，对劳动观念方面的教育与懒惰恶习的矫正也必然是有关联的，组织矫正对象参加公益劳动则既是一种教育活动，也是一种矫正方式。

**三、教育矫正的工作原则**

教育矫正的工作原则，是指在开展各项教育矫正活动时，应当遵循的基本原则。根据各地相关文件的规定和实践经验的总结，教育矫正工作主要应遵循以下原则：

（一）因人施教的原则

教育矫正工作要取得好的效果，必须从社区矫正对象的实际情况出发，根据个体的不同特点，制定和落实相应的教育矫正方案和措施。社区矫正的所有对象会有一定的共同之处，但个体间的差异非常大。因此，社区矫正的教育矫正工作应因人施教。因人施教就是要根据各矫正对象的犯罪类型、犯罪原因、恶习程度及其思想、行为、心理特征等方面的特点，有针对性地开展教育矫正工作。

（二）注重实效的原则

教育矫正工作的任务和目的是运用各种有效的教育矫正手段，转化社区服刑人员的思想，促使其认罪悔罪，增强法律意识和道德观，矫正其不良心理和行为恶习，使其成为适应社会的守法公民。所有的教育矫正活动和措施，都应围绕这一目的而展开。有利于达到这一目的的活动，就要积极地开展。反之，就没必要浪费资源、时间和精力。注重实效，要求教育矫正工作者踏实、细致地开展工作，反对各种形式主义、“形象工程”等热衷于做表面文章的错误做法。注重实效，要求教育矫正工作者要以理服人，善于疏通、引导和说服，反对简单粗暴、以势压人。

（三）循序渐进的原则

“冰冻三尺，非一日之寒”，矫正对象的错误思想、不良心理和行为恶习都不是一下子就形成的，要把他们教育矫正为适应社会的守法公民也不是一朝一夕所能完成的，他们的法律意识和道德观也需要一个潜移默化、逐步提高的过程。因此，教育矫正工作不能一蹴而就，必须循序渐进，要有计划、有步骤地进行。

（四）灵活多样的原则

教育矫正的具体方法和措施应当是不拘一格、灵活多样的。谈话、听报告、观看影视作品、参观、访问、咨询、义务劳动等，都是经常采用的教育矫正措施。实际上，只要有实效、不违法、没什么明显的副作用，各种各样的教育矫正方法和措施都是可以尝试的。在这方面，改革创新的空间很大。



（五）广泛借力的原则

社会参与是社区矫正区别于监禁矫正的显著标志。广泛动员和组织社会力量参与对社区矫正对象的教育矫正工作，是社区矫正执行机关的一项重要职责，也是做好教育矫正工作的重要依靠和保障。矫正对象所在的单位、学校，社区基层组织，矫正对象的亲人、家属，专业的心理咨询师等，这些社会力量如果能参与到教育矫正工作中去，会极大地弥补专业矫正力量的不足，有时还会起到专业矫正工作者起不到的作用。

## 第二节　教育矫正工作的具体内容

根据江苏、湖北、安徽、黑龙江等省市的社区矫正教育工作规定以及各试点地方的实际情况，教育矫正工作主要包括入矫教育、个案矫正、思想文化及职业技术教育、公益劳动、心理矫正、解矫教育等具体工作内容。有些地方，如广东省江门市，将教育矫正分为三个阶段：初始教育阶段、中期教育阶段和后期教育阶段。其初始教育实际上就是入矫教育，后期教育就是解矫教育。

## 一、入矫教育

### （一）入矫教育的概念、期限、目标

入矫教育是指在办理报到、接收手续的过程中及社区矫正的初始阶段所进行的教育。

入矫教育的时限一般为接受矫正后的两个月。在这一阶段中，矫正对象要办理报到、登记等手续，要了解关于社区矫正的基本规定，逐步地接受并适应社区矫正条件下的工作、学习和生活。这一阶段的教育目标是：促进社区服刑人员适应社会，在认罪伏法的基础上服从矫正组织的管理教育。

### （二）入矫教育的主要内容

入矫教育的内容主要是：使其明确什么是社区矫正；使其认罪伏法，认识其所犯罪行及犯罪行为的社会危害性，明确为什么要接受社区矫正；使其明确在接受社区矫正期间的相关权利和义务，熟悉应当遵守的社区矫正相关制度和规定。其中，让社区服刑人员明确知晓社区矫正期间的权利和义务是入矫教育的重点内容。

矫正对象享有下列权利：

（1）人格不受侮辱。

（2）人身安全和合法财产不受侵犯。

（3）享有辩护、申诉、控告、检举以及其他未被依法剥夺或限制的权利。

矫正对象应当履行下列义务：

（1）遵守国家法律、法规和有关管理规定。

（2）积极参加学习、教育和公益劳动。

（3）定期向司法所和监督考察小组报告自己的思想、活动情况。

（4）迁居或离开所居住区域时必须经司法行政机关和公安机关批准。

（5）服从监督管理。

另外，被决定保外就医的罪犯，在接受社区矫正期间，还应当遵守下列规定：

（1）在指定的医院接受治疗。

（2）确因治疗需要，需要转院或者离开所居住区域的，应当事先经司法行政机关和公安机关批准。

（3）除治疗疾病以外，参加社会活动应当经司法行政机关和公安机关批准。

### （三）入矫教育的方式、方法

入矫教育可以采用集体教育方式，也可以采用个别教育方式，但应以个别

教育为主。这主要是因为，一般情况下，社区服刑人员总是一个一个地单独到矫正组织报到并开始接受矫正，每接收一名社区服刑人员，入矫教育就随之开始，要采用集体教育的方式进行入矫教育不太可能。实践中，各地进行入矫教育的方法主要是发放学习资料、个别谈话与辅导、家庭走访等，效果比较理想。

## 二、思想文化教育

《司法行政机关社区矫正工作暂行办法》第二十八条规定："司法所应当采用培训、讲座、参观、参加社会活动等多种形式，对社区服刑人员进行形势政策教育、法制教育、公民道德教育以及其他方面的教育。"该规定表明，采用多种形式对社区服刑人员进行思想文化教育，是教育矫正工作的核心内容。

### （一）思想文化教育的概念

思想文化教育是对社区服刑人员所进行的政治思想教育、形势政策教育、认罪伏法教育、法制和道德教育、劳动教育、文化教育的总称。对社区服刑人员开展思想文化教育，是教育矫正工作首要的、核心的任务，也是实现社区矫正工作目标的主要途径。思想文化教育贯穿于社区矫正执行过程的始终。

### （二）思想文化教育的内容

1. 政治思想教育

政治思想教育主要包括爱国主义教育以及世界观、价值观、人生观教育等。在针对性上，对"政治犯"，要着力于对爱国、爱党、爱社会主义的引导；对盗窃、贪污等"贪利"型罪犯，要着力于对拜金主义的批判和人生价值观的重塑；对过失犯，要着力于引导他们正视现实，树立重新开始的信心和勇气。

2. 形势政策教育

形势政策教育主要是关于国家、社会和当地的现实状况和发展趋势，党和国家的现行政策，有关社区矫正刑罚执行的政策规定等方面的教育。主要目的是帮助社区服刑人员认清形势、接受现实、顺应潮流，并在此基础上摆正自己的位置，增强接受教育矫正的自觉性，加强改造自己、适应社会的动力和信心。

3. 认罪伏法教育

认罪伏法教育主要是帮助社区服刑人员认识自己的犯罪行为的性质和社会危害性，认识自己被定罪判刑的合法性、合理性。在此基础上，帮助其深入分析自己犯罪的根源，挖掘自身犯罪的主观原因，使其认识错误、改造错误，避免再次犯罪。

4. 法律常识教育

法律常识教育主要是关于法的基本知识教育，社会主义法律意识教育，与犯罪者所犯罪行相关的法律、法规的教育，刑事实体法与诉讼法的相关知识教育以及有关非监禁刑罚执行方面的法规教育等。

5. 公民道德教育

公民道德教育主要是基本的社会公德、家庭道德、职业道德等方面的教育。

6. 文化教育

文化教育主要是关于基本的科学文化知识方面的教育。对成年罪犯和未成年罪犯都应开展此项教育，但其中对未成年罪犯开展文化教育具有特别重要的意义。矫正对象未成年且没有完成国家规定的义务教育内容的，司法行政机关应当协调教育部门并督促其法定监护人，帮助矫正对象完成国家规定的义务教育内容。司法行政机关应当协调劳动部门对矫正对象进行职业技能培训。

（三）思想文化教育的方式、方法

1. 集中教育、单独教育与分类教育相结合

集中教育是指将一个司法所管理的所有或大多数矫正对象集中起来开展教育。集中教育的优点是节约人力、物力等教育资源，有利于减轻矫正对象的孤独感等。其缺点是相对缺乏针对性，难以根据每个矫正对象的特殊情况而“因人施教”。单独教育是矫正工作者与矫正对象“一对一”的个别谈话教育。单独教育的优点是针对性强，但一些教育活动或内容，如参观、听报告等，采用单独教育的方式则难以进行，而且造成资源的浪费。分类教育是指将某一类型的矫正对象集中起来进行教育。如未成年罪犯、老年罪犯、女性罪犯、职务犯罪者、被剥夺政治权利的罪犯等，他们在某些方面具有相同的特点，将他们分类集中进行教育是可行的。

集中教育、单独教育、分类教育之间并不矛盾，它们各有优势，不能相互取代。

一般来说，组织社区矫正对象开展集中教育每月应不少于 1 次，每次应不少于 2 小时。

单独教育，即个别谈话教育在时间和次数上并没有严格的规定和限制，每次家访、报到以及办理请销假等手续时，都是进行单独教育的时机。实践中，矫正工作者总结了开展个别谈话教育的“五必谈”，即社区服刑人员入矫时必谈、有思想波动时必谈、遇到实际困难和问题时必谈、受到奖惩时必谈、期满解矫时必谈。切实做好“五必谈”，可以及时发现和化解社区矫正对象的思想矛盾和不稳定因素。

2. 社区矫正工作者、志愿者与其他社会力量的教育相结合

《司法行政机关社区矫正工作暂行办法》第三十一条规定："司法所应当组织社会团体和社会志愿者对社区服刑人员开展经常性的帮教活动，并通过社区服刑人员的亲属加强对社区服刑人员的教育。"该规定指明，对社区服刑人员的教育，在充分发挥司法所等社区矫正专业工作组织的作用外，还要发挥志愿者和服刑人员亲属等的教育作用。

## 三、公益劳动

组织社区服刑人员参加公益劳动，是对社区服刑人员进行教育矫正的基本方式和内容之一，对于增强矫正对象的劳动观念、组织纪律性和自身成就感、荣誉感，以及消除其不良恶习等方面都有重要的意义。

我国社区矫正中的公益劳动从性质上讲是一种行为矫正方式，是与心理矫正相对应的一种消除矫正对象不良行为、培养和发展良好行为的科学方法。公益劳动作为一种对犯罪人的矫正手段，是国家通过施予一定惩罚的方式对其进行强制矫正，因此，公益劳动具有强制性。被要求参加公益劳动的服刑人员必须在规定的时间内，到指定的地点参加公益劳动，接受管理人员的监督管理。对于因请假而不能参加公益劳动的，应对请假事由进行严格审查，事后应补加公益劳动。



### （一）公益劳动的原则

《司法行政机关社区矫正工作暂行办法》第三十二条规定："司法所应当按照符合社会公共利益、社区服刑人员力所能及、可操作性强、易于监督检查的原则，组织有劳动能力的社区服刑人员参加必要的公益劳动。"根据该规定，组织社区服刑人员参加公益劳动应遵照以下原则：

1. 公益性原则

公益劳动应当符合社会公共利益。社区服刑人员参加公益劳动的目的应当是无偿地、非赢利地为社会、社区提供公共服务。在实践中，尤其要避免将公益劳动转变成为司法所、派出所服务，更不能将其转变成为社区矫正工作者个人服务。

2. 人道性原则

对矫正对象设定的公益劳动，是无偿性的，矫正对象必须按要求参加。因此，这种公益劳动对矫正对象来说具有强制性和一定的惩罚性，但这种惩罚性必须控制在一定的限度内，这是人道主义刑罚观的体现和要求。组织社区矫正对象参加公益劳动必须符合一个基本的条件，即矫正对象有劳动能力，劳动的数量和强度必须是矫正对象力所能及的。对于没有或者丧失劳动能力的对象，

如年老、残疾、疾病、怀孕等服刑人员，不能安排他们参加其力所不能及的劳动。

3. 可操作性原则

公益劳动项目应当具有可操作性强的特点。这里的“可操作性”可以这么理解：首先，劳动项目应当比较简便，不能有过高的技术、资金等方面的要求；其次，劳动项目应当容易被接受，既要容易被社区矫正对象所接受和掌握，也要容易被服务对象所接受和支持；再次，劳动项目应当具有安全性，应尽量避免安排具有危险性或有安全隐患的劳动项目。

4. 可控制性原则

安排的公益劳动应当易于监督检查。组织社区服刑人员参加公益劳动必须强化监督检查，这有利于公益劳动的落实，有利于公益劳动顺利地、有成效地进行；有利于及时地发现和解决劳动过程中出现的问题，减少和避免出现差错；有利于对矫正对象的考核和奖惩。

（二）公益劳动的组织实施

1. 公益劳动的时间

社区服刑人员应参加公益劳动，那么，其参加公益劳动的时间应该是多少？这方面目前尚无统一的规定。有些地方要求社区服刑人员参加公益劳动的时间是每月不得少于 12 小时，有些地方则要求每月不得少于 6 小时。可以看出，各地的规定差异是比较大的。这个问题还有待于将来的立法予以统一规定。由于社区服刑人员的身体、工作、学习情况不同，而且社区服刑人员存在分级处遇的问题，因此，对不同的矫正对象参加公益劳动的时间要求不同也是合理的。

2. 公益劳动的组织方式

由于社区矫正对象大多从事一定的职业，服刑期间并不脱离工作岗位，公益劳动在组织方式上应当是灵活的，既可以组织集体性的公益劳动，也可以组织个体分散性的公益劳动。

集体性公益劳动，就是将一定区域内的矫正对象集中起来，共同参加公益劳动。集体性公益劳动要求司法所等矫正组织要事先作出周密安排，严格执行公益劳动请假制度和考核评议制度。集体性公益劳动的次数不宜过多，一般以每月一次为宜。

个体分散性公益劳动，就是社区服刑人员按照司法所确定或允许的劳动场所、劳动任务、完成时间等自行单独进行的公益劳动。个体分散性公益劳动虽然是矫正对象自行单独进行的，但也必须符合公益劳动的原则，接受矫正组织的监督和检查。个体分散性公益劳动可以较充分地照顾到矫正对象的工作时间、居住地以及实际劳动能力、特长等特殊情况，但个体分散性公益劳动不能完全取代集体性公益劳动。有些矫正对象，由于特殊的身份地位，考虑到面子等问题，宁愿多参加一些个体分散性的公益劳动，也不愿参加集体性公益劳动，这是不能允许和纵容的。

3. 公益劳动的场所

公益劳动的场所只要符合上述公益劳动原则的要求，都是可以的。为了实现公益劳动的制度化、规范化，建立公益劳动基地是必要的。司法所应当根据当地情况，充分利用社会资源，与相关组织、场所进行协调、沟通，建立适合社区服刑人员参加劳动的公益劳动基地。公益劳动基地可以成为比较固定的公益劳动场所。实践中，一些福利院、敬老院、公园、绿地、广场等公共设施和场所，作为公益劳动基地都是比较合适的。

至于公益劳动是不是需要保密的问题，我们认为，公益劳动可以公开进行，并不需要特别地保密。但是，我们也不主张对公益劳动活动予以大肆的宣传和张扬，如在劳动时挂上大型的横幅、标语，由新闻媒体进行现场的拍照、摄像、报道等。因为这样做无疑会对矫正对象造成一定的伤害，使矫正对象产生一定的抵触情绪，不利于公益劳动的顺利开展，也不利于对矫正对象的教育改造。



## 四、心理矫正

不少社区服刑人员存在不良心理。有些罪犯，不良心理是导致其犯罪的重要原因或原因之一；有些罪犯，在社区服刑过程中会遇到一定的心理压力，出现一些心理问题。

多数人，包括一部分罪犯的家人，都对犯了罪的人抱有仇视、戒备、厌恶、鄙视等心理，在社区服刑的罪犯，一般都生活在周围人“异样”的眼光里。这种舆论的压力会给矫正对象带来深深的无助感，导致他们内心的不安、焦虑、痛苦甚至绝望，使他们作为一个正常人的很多心理需要得不到满足。从监禁环境转换到社区环境进行矫正的罪犯，外界环境的剧烈变化要求他们尽快适应，许多罪犯会在这个协调、磨合、融入的过程中面临各种各样的压力，这也会导致他们出现一些心理问题。无论是从人道主义的角度还是从矫正的现实需要来说，这些心理问题都亟待专业人员重视并解决。

### （一）心理矫正的概念、内容

心理矫正是专业的心理辅导人员运用心理学理论、方法和技术对社区服刑人员实施心理干预，以解决其心理问题，提高其适应能力，促进其自我成长的专业矫正工作。对社区服刑人员的心理矫正工作，主要包括对社区服刑人员的心理健康教育、心理测试、心理咨询和心理疾病治疗等方面的工作内容。

心理健康教育是对社区服刑人员传授一定的心理健康常识，以利于其心理的调整和健康。

心理测试主要是通过一定的方法和技术对社区服刑人员的心理状态进行评估，以掌握其心理健康状态和指数，确认其是否存在心理障碍。对于社区服刑人员来说，常见的心理问题有抑郁、焦虑、敌对、恐怖、偏执、强迫等。通过心理测试可以对社区服刑人员是否存在这些心理问题以及问题的轻重程度作出一定的判断和评价。

心理咨询就是心理咨询工作者协助求助者解决心理问题的过程。心理疾病治疗是采用一定的药物、器械以及一定的心理学方法、手段治疗心理疾病的过程。心理咨询与心理疾病治疗之间并没有什么严格的界限，通过心理咨询可以治疗一些心理疾病，心理疾病的治疗也不可能不借助于心理咨询。

（二）为矫正对象提供心理咨询服务的作用

《司法行政机关社区矫正工作暂行办法》第三十条规定："司法所应当聘请社会专业人员，定期为社区矫正服刑人员提供心理咨询服务，开展心理健康教育。"在心理矫正工作中，为社区矫正服刑人员提供心理咨询服务居于核心的地位，通过心理咨询，可以起到如下作用①：

（1）帮助矫正对象缓解情绪压力。

（2）帮助矫正对象学会正视并接纳自己的现实。

（3）帮助矫正对象恢复对人生的希望并重新开始生活。

（4）帮助矫正对象学习用建设性的方式走出困境。

（三）心理矫正的人才队伍建设

心理矫正具有非常强的专业性，对矫正者的专业素质要求是很高的。从事社区心理矫正的人员，应当具备以下条件：

（1）取得心理咨询员、心理咨询师、高级心理咨询师等国家职业资格证书之一。

（2）具有良好的品行和职业道德。

（3）具有强烈的事业心和高度的责任感。

从目前来说，不管是司法所还是公安派出所，基本上都没有或很少有符合上述条件的专业心理矫正工作者，因此，为了开展心理矫正工作，必须聘请社会专业人员。但从长远来看，社区矫正工作人员，尤其是司法所工作人员必须不断地提高自身素质，学习心理矫正的知识和技能。有条件的地方，可以培养

① 荣容，肖君拥. 社区矫正的理论与制度. 北京：中国民主法制出版社，2007

心理矫正专业工作人员，逐步建立心理矫正专业工作室。

## 五、个案矫正

个案矫正是教育矫正工作的主要工作方法，实践证明，开展个案矫正是行之有效的。

### （一）个案矫正的概念

个案矫正就是为每个矫正对象制订矫正方案、确定矫正责任人、进行个别化教育矫正的工作方法。

司法所应当在矫正对象报到后针对其犯罪性质、思想动态、危险程度、矫正难度等情况进行综合分析评估，研究制订矫正方案，落实矫正责任人。

矫正责任人由社区矫正工作者担任，负责起草并落实矫正个案。

### （二）矫正责任人开展个案矫正的工作要求

1. 熟悉社区矫正服刑人员的基本情况

熟悉情况是贯彻因人施教原则、开展个案矫正的基础。矫正责任人应当掌握矫正对象的下列情况：

（1）姓名、性别、年龄、籍贯、居住地。

（2）简历、主要犯罪事实和所判刑期及刑期变化。

（3）家庭情况和主要社会关系。

（4）认罪态度、在监狱或看守所的改造表现、矫正期间的现实表现。

2. 经常进行个别谈话

社区矫正工作者对所管理的矫正对象，每月至少安排一次个别谈话教育。矫正对象有下列情形之一的，社区矫正工作者应当对其进行个别谈话教育：

（1）矫正地点变更。

（2）受到奖励或惩处。

（3）请假前后。

（4）家庭出现变故。

（5）与他人发生重大纠纷。

（6）主动要求谈话。

（7）其他需要进行个别谈话教育的情形。

社区矫正工作者对矫正对象的谈话教育，应当认真做好记录，并根据矫正对象的思想状况和动态，及时修订矫正方案，采取有针对性的个别教育措施。

### （三）开展个案矫正对司法所的工作要求

（1）司法所应当每月对矫正对象的思想动态进行分析，并根据分析情况进行有针对性的教育。

（2）司法所应当鼓励和支持社会志愿者参与个案矫正，共同做好个案矫正工作。

## 六、解矫教育

### （一）解矫教育的概念、期限

解矫教育是指对即将矫正期满或解除矫正的社区矫正服刑人员进行的教育活动。

解矫教育的期限，各地做法有所不同，大多数地方将解矫教育的时间定为矫正期满前的 2 个月以内，个别地方将这一期限定为矫正期满前的 1 个月以内。

### （二）解矫教育的内容、任务和方式

解矫教育的内容应包括形势、政策、前途以及遵纪守法教育。

解矫教育的主要任务是对社区矫正的总结和回顾，巩固矫正成果，正确认识矫正中的成绩和不足，为矫正对象指明将来继续努力的方向，引导其为即将开始的新生活做好准备。

解矫教育主要通过个别教育的方式进行，如果有多名矫正对象期满的时间相同或相近，解矫教育也可以分批进行。

### （三）解矫教育中要进行的主要工作

（1）司法所应当在矫正对象矫正期满前 30 天，指导矫正对象进行自我总结，填写社区矫正期满鉴定表。

（2）司法所应当根据矫正对象在矫正期间的考核情况、奖惩情况、心理测验情况，对其矫正效果进行综合评估。评估结果填入社区矫正期满鉴定表。

（3）司法所应当对矫正对象解矫后的情况进行了解，评估社区矫正教育工作的质量和效果，总结推广社区矫正教育的工作经验，不断提高社区矫正教育的工作质量。

# 第七章　对社区矫正对象的帮助服务

## 第一节　对社区矫正对象进行帮助服务的意义

对于社区矫正对象来说，绝大多数怀有深深的懊悔之心，希望迅速洗刷身上的污点，尽快回归社会。但是，他们也担心被人歧视，害怕被社会拒绝，对开始新的生活充满畏惧与不安。所以，社区矫正工作者要充分理解他们的心态，以满腔的热情、宽广的胸怀接纳他们，为他们提供一个良好的矫正环境和氛围。如果社区能够对矫正对象提供特别的帮助和服务，就易于他们树立生活的信心和勇气，这将极大地提高罪犯改造的积极性。有专家曾列出一个公式：管控+帮教和服务（就业、解困、心理疏导）=不再重新犯罪，可见对社区矫正对象的帮助服务的重要性。因此，社区矫正专职社会工作者以服务为本，对生活确实有困难的社区矫正对象，协助其申请社会低保、提供生活必需品等，并协助其面对和解决个人的就业、家庭、社交等问题，将大大增强他们改造的信心和解决问题的能力，使他们顺利融入社会。

对社区矫正对象的帮助服务工作开展的好坏，将直接或间接地影响着重新犯罪数量的多少以及重新犯罪率的高低。因此，做好对社区矫正对象的帮助服务工作意义重大，主要体现在以下几个方面：

1. 有利于社区矫正对象的改造，避免重新犯罪

矫正对象最关心的是能否得到家庭、社会的接纳，生活上能否得到保障，是否有就业机会。所以，社会的关怀是他们的精神寄托和希望所在，是促使他们接受改造的动因。如果他们在社会中受到歧视，不被家庭接纳，生活无着落，工作无处寻，就会使他们对社会产生失望，也就失去改造的动力，很容易使其重操旧业或投靠原来的犯罪团伙。所以，社区工作人员要积极地为他们提供帮助服务，尽可能减轻或解除他们的后顾之忧，这样，他们便会认真接受改造，早日回归社会，实现矫正目的。

2. 有利于提高社区矫正对象适应社会的能力

大多数社区矫正对象在融入社会时都会出现一些问题，如由于社会竞争激烈带来素质和技能的不适应；他们普遍存在的羞愧、戒备、疑虑、紧张等不良

心理也会影响他们适应社会的能力，等等。这些都需要社区矫正工作人员给予关心和帮助，需要国家和社会采取各种措施做好就业安置和教育保护，通过多渠道、多层次地做好就业安置工作，充分发挥保护功能；同时，动员各种社会力量帮助他们，对确实有困难的给予社会救济，为他们提供一个良好的社会保护环境，使其建立起自信心，帮助其更好地适应社会。

3. 有利于维护社会稳定，调动社区矫正对象服务社会的积极性

做好对社区矫正对象的帮助服务工作的最终目的，就是维护社会稳定。如果帮助服务工作做得不好，社区矫正对象就很可能重新犯罪，这将成为影响社会稳定的一个重要因素。社区矫正工作人员帮助他们解决思想问题和实际问题，将在很大程度上化消极为积极，化仇视、悲观为健康、向上。就业、低保等现实问题的解决，将在很大程度上帮助他们远离犯罪，安居乐业，投身于正常的工作、生活中去，为经济建设和社会稳定发挥积极作用。

## 第二节　对社区矫正对象进行帮助服务的主要内容

### 一、求学的指导和帮助

未成年人无论什么原因误入歧途，走上犯罪的道路，无疑都会影响他们接受正常的教育。而在竞争日益激烈的社会中，素质低下往往会被社会淘汰，这也是未成年犯无法融入社会的一个最大障碍。未成年犯因为无法适应社会对人才的需要而在社会上无立足之地，这将大大打击未成年犯的自尊心和自信心，成为他们重新犯罪的一个导火索。所以，社区工作人员应积极地为未成年社区矫正对象的就学创造条件。未成年社区矫正对象继续接受教育一般有以下两种方式：

（一）回归学校，在原有的学校继续升学

未成年社区矫正对象中，有相当一部分是在校学生。对于这一部分未成年犯罪人，在符合适用社区矫正的条件后，如果仍然将其开除学籍，这对于未成年犯来说，无疑是受到了双重的打击，社区矫正的效果也会大打折扣。对于未成年社区矫正对象来说，学校应该是一个非常合适的矫正场所。学校在对学生的制约和保护、对学生劣迹行为的矫治、对学生的自我管理与教育以及培养良好的品德和新型的人际关系方面，都起着教育的“杠杆”作用。首先，它有助于未成年犯的人格塑造；其次，它有助于其认真悔过思改。另外，学校教育能使他们掌握必备的文化知识，有利于他们更好地适应社会。因此，社区工作人员要积极争取让未成年犯继续留在学校学习，接受健全的学校教育。同时，社区工作人员要经常跟学校进行沟通，制订适合未成年犯的教育方案，努力为其

创造良好的学习和改造环境。具体做法是：

（1）创造融洽的学习环境。同学们朝夕相处，良好的集体、良好的风气对他们改正不良行为习惯至关重要。而动辄划分优生差生、片面注重成绩，更甚者给未成年犯贴上罪犯的标签等行为无疑是不可取的。因此，对于这一部分能够继续读书的未成年犯，社区工作人员要多和学校沟通，让学校、老师、同学以宽容的心态对待他们，给他们更多的温暖和关怀。

（2）及时有效的沟通。未成年犯并非都一无是处，他们有很多缺点，也会有不少优点。相对于生硬的批评和指责，心灵的沟通更能够唤醒未成年犯的良知和责任感。

（3）进行必要的法制教育。未成年人作为一个特殊的年龄群体，思想处于不稳定状态，对社会的认知也比较片面，容易受到周围环境中消极因素的影响，从而走上犯罪的道路。由于其思想的可塑性大，犯罪后容易接受教育改造、悔过自新，只要给他们一个较好的环境，他们就会洗心革面；但若不采取有效的挽救措施，他们也容易因受到外界不利因素的影响而再次犯罪，且手段会更加残忍，社会危害性更大。所以，要结合未成年犯的身心特点，制订相应的法制教育方案，树立教育、感化、挽救的理念，塑造符合社会正常生活的信念和人格，最终促成未成年犯回归社会。



（二）开展技能培训教育

未成年犯一般受教育程度较低，有的甚至连九年义务教育都未完成，他们对校园生活有反叛和抵触情绪，大多生活贫困且缺乏谋生技能，无论在心理还是谋生能力各个方面都存在很多个人问题，特别需要社会生存能力的全面提升。否则，很容易诱发一些新的问题，甚至导致他们再次走向犯罪，极大地影响对他们的教育矫正效果。所以，社区矫正应当开展技能培训教育，通过技能培训让未成年犯具有一技之长，增强他们适应社会的能力。有些国家的经验和做法非常值得我们借鉴，如建立矫正学校，开办职业培训项目，一方面是为了实现对这些未成年犯的监管，更重要的是为了实现对他们的矫正，为他们提供重返社会所必需的生存技能。在这些特殊的学校中，未成年犯可以学习木工技术、泥瓦工技术、绘画、电子设备维修、饮食服务、汽车维修、制图以及计算机技术。他们还将接受个人或者集体的心理咨询以及学习如何防治酒精、毒品的滥用等。国内的社区矫正试点城市已经认识到了职业教育对未成年犯的重要性，如上海虹口区的司法局深入了解全区 25 岁以下社区矫正帮教青少年的兴趣爱好、教育背景、学习能力和发展规划后，与劳动保障部门和教育部门展开合作，创造条件，帮助他们根据个人发展规划，在接受社区矫正期间参加相应的职业技能培训，使其具备一定的工作专长和工作能力。一方面通过兴趣爱好的熏陶达到行为矫正的效果，另一方面通过谋生技能的提升达到树立自信的效果。该区已开办了计算机应用与管理、调酒师（初）、营业员、雅思语言、绿化工、编制（织）等专业技能培训班，先后培训人员102人次，其中有15名社区服刑青少年通过考试拿到了技能培训等级证书，有11人通过推荐找到了合适的工作。

## 二、就业的帮助和指导

我国是人口众多的国家，每年新增劳动人口1 000万以上，是全球就业压力最大的国家之一。而社区矫正对象中，不少已经失去了原有的工作，社会上又普遍存在偏见和歧视，致使他们在竞争十分激烈的劳动力市场中明显处于劣势，就业困难。对于那些文化水平低又没有任何劳动技能的社区矫正对象来说，就业难度更大。所以，解决社区服刑人员的就业问题极为重要。

（1）有利于社区矫正对象的改造。“劳动改造人”是我国现阶段罪犯改造的重要理论依据之一，尽管遭到一些专家学者的批评，但是从目前的现状讲，其实践效果依然明显。社区矫正对象只有在工作中回归组织管理，服从组织安排，才能逐步回归整个社会。

（2）通过就业解决个人生存问题，并实现个人价值。改造的前提是解决个人生存问题。从政府的角度讲，解决个人生存问题的方法主要有两种：一是就业；二是提供临时救济或最低生活保障。提供临时救济或最低生活保障将给国家和社会造成负担，推进就业解决个人生存问题对国家和个人都是最好的办法。

（3）良好的就业观念有助于社区矫正对象树立良好的守法观念。个人价值体系是一个完整的系统，是一个互动的系统。在个人价值体系中，就业、劳动观念与遵纪、守法观念之间存在着密切的关联性。正确、健康的就业、劳动观念容易使人将生存、发展的希望寄托在努力工作上，而不是将希望寄托在违法、犯罪等歪门邪道上。因此，良好的就业观念有助于社区矫正对象形成良好的守法观念。

正因为如此，全国各地都很重视社区矫正对象的安置就业，采取许多积极的措施切实解决矫正对象就业难的问题。如上海闵行区一方面加强政策宣传，利用各种新闻媒体加大对社区矫正工作重要性和现实意义的宣传报道力度，在全社会达成共识，积极营造社会帮助、教育的大氛围；另一方面进行政策扶助，结合法律、法规及时制定各类优抚政策，对吸纳社区服刑人员就业安置的企业或单位给予一定的优抚，利用税收这一经济杠杆，充分调动企事业单位和私营企业的安置积极性和构建安置就业点的工作热情。同时，对社区服刑人员实施三个帮助，即从思想行为上予以帮助教育，使其树立正确的人生观，努力矫正以往各种陋习，重塑新的人生；从生活上给予帮助，为其排忧解难，重新树立生活的勇气和信心；从劳动技能上给予帮助，使其尽快掌握一定的生产劳动技能，及时完成岗位工作任务。通过近年来的探索以及不懈的努力，该区被安排到就业点工作的矫正对象无一人重新违法犯罪。有个别矫正对象还通过自身努力，走上部门负责人和自主创业的工作岗位，较好地完成了从回归社会时的迷茫到立足社会的过渡。如七宝蔬菜水果批发市场的刑释人员赵某，通过七宝镇司法所和公司领导的共同帮助教育以及自身的努力，已经走上了公司部门班组长的工作岗位，为企业的发展作出了自己应有的贡献。现在赵某工作积极，思想和家庭生活安定。再如被安置在梅陇再生物资回收服务社的刑释人员张某，通过近一年的过渡安置，积极参加企业为其安排的劳务中介培训学习，并取得了劳务中介资格证书。在有关部门的共同关心下，他自主创办了劳务中介所，为社区矫正对象的就业创出了一条新路。

而大连市沙口河区采用的办法就更为具体，他们的做法是：

（1）社区服刑人员参加由劳动和社会保障部门组织的再就业定点单位培训的，经考核合格并就业后，可根据政府有关规定减免培训费用。

（2）劳动和社会保障部门要为社区服刑人员提供至少三次就业机会，并做到送岗上门。

（3）劳动和社会保障部门要按社区服刑人员比例为试点街道提供一定数量的公益岗位，安置困难家庭及在教育矫正过程中表现较好的社区服刑人员。由区司法局根据其技能和表现及岗位要求进行推荐，劳动部门和公益岗位管理部门按有关规定共同审核。

（4）对有自主创业愿望和创业条件的社区服刑人员可为其提供创业培训和创业指导，并提供送项目、送小贷和代办代理等服务。

（5）对有创业愿望并有具体可行的创业项目，并享受低保待遇的社区服刑人员，经区司法局推荐和劳动部门审核，政府可为其提供1～3万元的无偿创业资金，扶持其创业。对创业成功并吸纳社区服刑人员就业的，将根据其规模增加无偿创业资金的扶持力度。

总之，充分发挥社会各界的力量，通过多种形式推动社区服刑人员实现就业，鼓励他们自己创业，并出台相关的政策措施扶持，将社区矫正对象的技能培训、就业安置都纳入再就业资源管理体系，努力实现对社区矫正对象的优先安置，为他们营造良好的社会环境，是社区矫正服务工作的重要内容。实践证明，对社区矫正对象的就业问题越重视，社区矫正的效果就越明显。

## 三、最低生活保障

在社区矫正工作中，不仅要对服刑人员进行管理和教育，同时还要帮助他们协调解决生活中遇到的问题和困难，这也是一种非常有效的矫正措施。心理学认为，人的行为动力来源于需要，而衣食住行是人的基本需要。如果连基本需要都满足不了，让他进行矫正是不可能的。因此，如果矫正对象存在生活困难，社区工作人员应该帮助他们解决困难，满足他们的需要，使他们产生矫正的动力。实践中，有很多基层司法所运用了这一矫正措施，取得了很好的矫正效果。例如上海市南苑区有一名矫正对象，由于生活境况窘迫，几乎丧失了生活的勇气，对矫正工作抵触情绪很大。南苑司法所工作人员了解到该情况后，立即协调公安、民政部门，首先为其解决了户口问题，办理了最低生活保障金；随后又对他进行耐心细致的谈话教育，他为此深受感动，将一面印有"育人伟业　功在千秋"的锦旗送到司法所，并表示"会好好珍惜一切，从头做起"。南京市白下区淮海路社区服刑人员姚某，父母双亡，老婆与他离婚，独自一人，既无存款也无手艺，社区志愿者为他介绍工作，用人单位一听是罪犯，立即"敬而远之"。姚某因此思想波动很大，社区工作人员一方面通过发放学习材料、个别谈话、电话交流、家庭走访等方式稳定他的情绪；另一方面积极为他联系区民政局、区劳动保障局、派出所、驻区单位等相关部门，落实了南京市居民最低保障，后来又安排他在南京市某大型居民小区任保安。由于生活得到保障，姚某的精神面貌大为改观，矫正效果非常明显。

经济困难，家庭人均收入低于城镇居民最低生活保障的社区服刑人员，可以向民政部门申请最低生活保障待遇。司法所要向民政部门提供有关情况，经民政部门审核，符合条件的，纳入本市最低生活保障范围。申请最低生活保障程序包括：

1. 所需证明、材料

（1）申请书。

（2）司法所开具的介绍信。

（3）收入证明。

（4）其他应提交的证明材料。

2. 办理程序

（1）申请。申请人持司法所开具的介绍信及所需证明、材料，向户口所在地社区居委会（村委会）提出申请；社区居委会（村委会）对申请的家庭进行登记，填写最低生活保障待遇申请登记表；在辖区内公布，征求群众意见；经核实后，填写最低生活保障待遇申请审批表，提出具体意见后，上报街

（乡）民政部门。

（2）审核。街（乡）民政部门对上报的材料进行核查，根据实际情况填写低保待遇人员家庭情况调查表，主管领导签署意见后，报区（县）民政局。

（3）审批。区（县）民政局对申请最低生活保障待遇的家庭进行审批登记。对不符合条件的，30日内书面通知申请人并说明理由。

（4）备案。街（乡）民政部门接到区（县）审批意见后，将社区服刑人员享受城市“低保”待遇的相关材料抄送本街（乡）社区矫正工作领导小组备案。

**四、对其他困难的帮助**

社区矫正对象遇到的困难比正常的社会人要多，除了求学、就业和生活保障等问题以外，社区服刑人员也会遇到医疗、住房、婚姻、家庭等其他方面的实际困难，这都需要社区工作人员帮助他们解决，为他们排除障碍、克服困难。只有切实帮助他们解决实际困难才能从根本上解决他们的思想问题，才能保证矫正效果，使他们顺利地融入社会生活中。

如北京怀柔区社区矫正对象刘某，从监狱出来后无钱、无地、无房，对前途失去了信心，更不要说回归社会了。当地司法局会同当地镇、村两级组织予以协调解决，为其租房、购买必备的生活用品，使刘某重新树立起了生活的信心和勇气，后来一直表现良好。山东省济南市矫正对象孙某患有癌症，家庭生活困难，司法所工作人员多次协调，帮他办理了城市最低生活保障金和最大疾病救助金，孙某由原来的抵触管理变为自觉接受管理，积极接受改造。南京市社区服刑人员吕某，其兄为给其治病，将祖上留下的房屋变卖，吕某得知后坚决反对，但经不住其兄的一再坚持，加之庞大的治疗费用无着落，才勉强同意卖房，但情绪一度消沉，甚至产生厌世的想法。针对这种情况，社区工作人员采取“一对一”结对帮教的方式，一方面努力做他的思想工作；另一方面设法让其哥哥享受“低保”待遇，并积极帮助其哥哥介绍工作，现在吕某情绪稳定，再也没有寻死的念头。

实践证明，社区工作人员的生活指导和帮困服务，营造了社会各方关心社区服刑人员的良好氛围，大大减轻了社区服刑人员的对立情绪，加速了他们融入社会的进程。更重要的是，它为社区矫正对象排除生活障碍，解除思想包袱，为其正常回归社会创造了良好的条件。

# 第八章　社区矫正的考核与奖惩

## 第一节　社区矫正的考核与奖惩概述

### 一、考核与奖惩的概念

社区矫正考核与奖惩制度是指社区矫正工作机构在实施社区矫正工作的过程中，依照有关法律、法规和规章的规定，结合社区矫正对象认罪悔过、遵纪守法、学习劳动等方面的表现情况，对社区矫正对象进行考察、鉴定并作出评价，并根据对矫正对象的考核结果，区分不同情况予以相应的奖励或惩罚的工作制度。具体做法是，根据考核结果，对表现良好的给予表扬奖励；对符合法定条件的，依照法定程序提请有关部门予以减刑；对违反法律、法规和社区矫正的有关规定，但尚未构成犯罪的，视情节轻重给予警告或者提请有关部门给予警告、记过、治安管理处罚、撤销缓刑、撤销假释或者收监执行。

考核与奖惩的关系十分密切，考核是奖惩的前提条件和事实依据，奖惩是考核的必然结果与归宿。因此，在实际工作中，应当将考核与奖惩作为一个整体来考虑，既要注重考核的过程，又要发挥奖惩措施的激励与惩戒作用。

### 二、考核与奖惩的意义

建立社区矫正考核与奖惩制度旨在通过量化考核，奖优罚劣，在社区矫正对象内部形成长效的竞争激励机制，促进他们积极改造，从而顺利回归社会。对社区矫正对象进行考核与奖惩也是刑罚执行过程中的一项重要活动，对社区矫正工作具有非常重要的意义。

1. 有利于调动社区矫正对象的改造积极性

考核包括对矫正对象接受改造各方面情况的考察，这会使矫正对象感觉到自己的各方面表现都是被人关注的，只要表现好，就有可能受到奖励，这无疑会鼓励矫正对象积极接受改造。

2. 有利于及时发现和纠正社区矫正对象的违规违纪行为

通过考核，可以使矫正对象的违规违纪行为及时得以发现；通过奖惩，可以使违规违纪的矫正对象受到一定的惩戒，从而促使其纠正自己的不良行为。

3. 有利于保障和促进社区矫正监管、教育等工作的开展

如果没有考核与奖惩，矫正对象是否认罪接受监督、管理、教育和矫正得不到任何评价，在结果上没有任何区别，那么，社区矫正的监督、管理、教育、矫正工作必然难以顺利开展。考核与奖惩对于矫正对象来说，既有正面的引导和指引，也有反面的鞭策和威慑，两面结合，能促使矫正对象沿着正确的轨道接受社区矫正。

4. 有利于提高社区矫正的改造质量

社区矫正的考核与奖惩主要是对矫正对象接受改造情况的考核与奖惩，但从某种角度来说，它也是对矫正组织和矫正工作者矫正质量的一种考察。矫正对象考核与奖惩的情况，在很大程度上是矫正质量的反映。通过考核与奖惩，有利于促使矫正组织和矫正工作者树立质量和效果意识，巩固并强化社区矫正工作的效果，提高社区矫正的改造质量。

### 三、考核与奖惩工作的基本原则

考核与奖惩工作的基本原则是指在对矫正对象进行考核、实施奖惩的过程中必须遵循的基本准则。

对社区矫正对象的考核与奖惩，应当坚持依法、公开、公正、公平的原则，坚持奖惩分明、以奖为主的原则，坚持实事求是、准确及时的原则，坚持精神鼓励与物质奖励相结合的原则，坚持惩戒与教育相结合的原则。



1. 坚持依法、公开、公正、公平的原则

这是开展考核与奖惩工作的首要原则。对社区矫正对象的考核与奖惩，应当严格按照法律、法规以及社区矫正工作的有关规定执行。从目前来看，关于社区矫正考核与奖惩的主要依据是各试点地区的“考核奖惩暂行办法”等，各地应做到照章考核、依制奖惩。“公开”指考核与奖惩的依据公开、程序公开、结果公开，使每一个被考核与奖惩者都做到心中有数、清楚明白；同时，公开也意味着有关组织的考核奖惩工作要受到监督，不能暗箱操作。“公正”指对矫正对象的考核与奖惩应合情合理，该奖的一定要奖，该罚的一定要罚，做到考核结果直接与奖惩相挂钩。“公平”指对所有的矫正对象一视同仁，平等对待每一个社区矫正对象，既不能使任何矫正对象享有特权，也不能歧视任何矫正对象。该原则要求社区矫正工作人员在实施考核与奖惩的过程中，必须严肃认真、秉公执法，严禁弄虚作假、徇私舞弊。

2. 坚持奖惩分明、以奖为主的原则

在处理奖励与惩处的关系时，既要做到功过分明、奖优罚劣，又要坚持以奖为主、以罚为辅，从而有效调动矫正对象的改造积极性。以奖为主，是指在

考核与奖惩过程中，要充分、大胆地运用奖励手段，使矫正对象表现好的一面得到有意的突出和强化；以罚为辅，是指在考核与奖惩过程中，要慎重使用惩处手段，能用轻的惩处手段解决问题就尽量不用重的惩处手段。当然，以奖为主、以罚为辅必须建立在奖罚分明、公平公正的基础上。

3. 坚持实事求是、准确及时的原则

矫正对象的改造行为表现是一种客观存在的事实，因此，对他们的日常考核工作要深入实际、调查研究，严防偏听偏信、主观臆断，任意扩大或缩小事实。真正做到考核有方、奖惩有据、以理服人。同时要求考核与奖惩的作出必须客观及时，否则时过境迁，考核与奖惩也就失去了意义。

4. 坚持精神鼓励与物质奖励相结合的原则

精神鼓励和物质奖励都是对矫正对象良好表现的肯定和鼓励，但两者在鼓励的形式和效果上有一定的差异。精神鼓励可以使矫正对象在心理上、情感上获得一定的满足感、成就感，但也可能使人有“虚”的感觉；物质奖励比较“实”，但其价值主要还是体现在物质所蕴涵的精神价值上，单单“物质”本身并没有太大的价值。因此，为了充分发挥奖励的作用，充分调动矫正对象的改造积极性，精神鼓励和物质奖励应当相结合，对于考核成绩优良的社区矫正对象，可在通报表扬、颁发荣誉证书等精神鼓励的同时，给予适当的物质奖励。

5. 坚持惩戒与教育相结合的原则

如果说，没有惩罚的教育是不完整的教育，那么，没有教育的惩罚便是没有效果的惩罚。将惩罚与教育辩证地统一起来，是马克思主义刑罚思想的重要内容。惩戒只是手段而不是目的。对社区矫正对象进行考核与奖惩的目的是通过对他们的改造行为的检测与评估实现奖优罚劣，从而调动他们的改造积极性，使之顺利回归社会。一方面，我们要对社区矫正对象实施劳动改造；另一方面，还要对他们进行大量耐心细致的思想教育，鼓励和鞭策他们认罪伏法、改过自新、重返社会。所以，为了使社区矫正工作的效果落到实处，实践中必须坚持将惩罚与教育有机地结合起来。

## 第二节　考核与奖惩的实施

社区矫正对象自报到之日起，即纳入考核范围。考核方式主要是日常考核。由街道（或乡镇）社区矫正工作小组协同社区矫正工作办公室具体负责实施，根据其遵纪守法、学习及参加社区劳动等各方面的表现，定期考核，考核结果作为奖惩的依据。

## 一、考核的内容

社区矫正对象奖惩与考核的内容分为思想改造和劳动改造两部分。思想改造部分，主要考核社区矫正对象遵纪守法的情况，包括认罪悔改、遵守社区矫正监督管理各项规定、遵守社会公德、参加政治学习以及参加思想教育活动等方面的表现，如是否遵守外出请销假制度、是否遵守迁居审批制度、是否经常作思想汇报等情况。劳动改造部分，主要考核社区矫正对象在从事本职工作以及参加社会公益劳动过程中的情况，包括劳动态度、劳动质量、文明安全生产等方面的表现，如是否积极参加劳动、是否遵守劳动纪律、是否完成规定的劳动任务等。

不同的矫正对象，考核的重点是有所区别的：

对管制、缓刑和假释的社区矫正对象，着重考核其报告活动、迁居审批、请销假及参加学习教育、社区劳动等方面的情况。

对暂予监外执行的社区矫正对象，重点考核其就医、请销假、报告活动、迁居审批及接受教育等方面的情况。

对剥夺政治权利的社区矫正对象，重点考核其参与社会活动方面的情况。



## 二、记分考核制度

对社区矫正对象日常矫正表现的考核，主要采取记分考核的方式进行。街道（或乡镇）社区矫正工作机构应当建立社区矫正对象日常记分考核制度，即根据社区矫正对象认罪伏法、参加学习教育和公益劳动等情况，结合日常表现，定期对其进行综合考核，并将考核结果以分数的形式进行书面登记，存入社区矫正对象的矫正档案，同时作为实施奖惩的依据。

由于记分考核在具体操作方面没有统一的标准，各试点地区记分考核的做法和标准有一定的差异。下面我们以广东省江门市《社区服刑人员奖励处罚记分考核细则》为例，对社区矫正的记分考核制度进行简要的介绍，可供学习者借鉴与参考。必须强调的是，各地社区矫正工作者在进行记分考核工作时，应当以所在试点省市的规定为标准。

根据《江门市服刑人员奖励处罚记分考核细则》的规定，对社区服刑人员的考核按月进行。每个月的考核基础分为 10 分。奖励分是在基础分上继续加分，处罚分则是在基础分上扣分，扣完为止。对社区服刑人员的奖励或处罚分数进行计算，一次奖励或处罚最低 1 分，最高 10 分。一次奖励或者处罚 4 分以下（含 4 分），由街道（镇）社区矫正办公室填写社区矫正行政（司法）奖惩申报表，报街道办社区矫正工作领导小组审批；一次奖励或者处罚5 分

（含 5 分）以上，应当报区社区矫正工作领导小组办公室审核备案。社区矫正对象一次获奖励 5 分或者累计奖励 5 分以上的，可受表扬奖励，由街道（镇）社区矫正办公室填写社区矫正行政（司法）奖惩申报表，经街道（镇）社区矫正工作领导小组审核后，报区社区矫正工作领导小组办公室审核备案。

具体的考核记分标准如下：

1. 应当给予奖励加分的情形及标准

（1）认真遵守法律、法规及社区矫正有关规定，表现较好，连续 3 个月未被处罚扣分的，奖励 3 分。

（2）在工作、生产、经营活动中表现突出，受到所在单位或有关部门表彰、奖励的，奖励 2 分。

（3）认真学习科学文化知识和技能，取得优异成绩，获得学校或有关部门奖励，或者取得中级以上技术等级证书的，奖励 3 分。

（4）积极参加社区矫正工作机构组织的活动，表现突出的，或者助人为乐有突出事迹的，奖励 1 ~ 2 分。

（5）检举、揭发他人犯罪活动，或者提供重要破案线索，经查证属实的，奖励 5 ~ 8 分。

（6）阻止他人犯罪活动，表现突出的，奖励 5 ~ 8 分。

（7）在抗御自然灾害或者排除重大事故中，有突出表现的，奖励 5 ~ 10 分。

（8）对国家和社会有其他突出贡献的，酌情奖励 5 ~ 10 分。

2. 应当给予处罚扣分的情形及标准

（1）未经批准私自迁居的，处罚扣 10 分。

（2）未经请假批准擅自离开本街道（或乡镇）所辖区域的，处罚扣 5 分；经批准外出，回来后未及时办理销假手续的，处罚扣 1 分。

（3）保外就医的社区服刑人员违反管理规定，不到指定医院进行病情诊断鉴定的，处罚扣 3 分。

（4）被判处管制、宣告缓刑、裁定假释的社区服刑人员违反规定擅自会客的，处罚扣 3 分。

（5）未按规定时间到街道（或乡镇）社区矫正工作办公室报到登记接受社区矫正的，处罚扣 2 分；在社区矫正期间，未按要求定期到街道（或乡镇）社区矫正工作办公室当面汇报的，一次处罚扣 2 分；未按要求定期向社区矫正工作办公室电话汇报的，一次处罚扣 1 分。

（6）未按要求定期向街道（或乡镇）社区矫正工作办公室上交思想汇报，或者汇报态度不认真的，一次处罚扣 3 分。

（7）未经请假或请假未获批准不参加社区劳动的，一次处罚扣 3 分。

（8）无正当理由不服从社区矫正工作人员劳动分工的，处罚扣2分。

（9）故意损坏设备、工具的，视损坏程度酌情处罚扣1~3分。

（10）违章作业的，处罚扣1分；造成损失或事故的，处罚扣3分。

（11）每月参加社区劳动的时间不足6小时的，每缺勤1小时处罚扣1分。

（12）未经请假或请假未获批准不参加街道（或乡镇）社区矫正工作办公室组织的学习或其他活动的，一次处罚扣1分。

（13）违反学习、活动现场纪律的，视情节轻重一次处罚扣1~3分。

（14）参加学习、活动后未按要求上交心得体会或其他作业的，一次处罚扣1分。

（15）有其他违反社区矫正监督管理有关规定的行为的，视情节轻重处罚扣1~5分。

社区服刑人员有其他突出表现应予以奖励加分或者有其他违法违纪行为应予以处罚扣分，可参照上述标准予以适当的加分或者扣分。

## 三、奖励的种类、条件及其实施

### （一）奖励的种类及条件

对社区矫正对象的奖励可分为表扬、立功和减刑。在进行这些奖励的同时，可给予适当的物质奖励。



1. 表扬的条件

表扬的方式比较灵活多样，最常用、最有影响的表扬是“年度社区矫正积极分子”的评选。社区矫正对象同时具备以下条件的，给予表扬：

（1）认真遵守法律、法规及社区矫正的有关规定，认罪伏法，服从管理，接受教育。

（2）积极参加社区劳动及其他公益劳动，认真完成规定的任务。

（3）积极参加政治思想教育及其他各种学习，态度端正、成绩优良。

（4）遵守公民道德规范，团结邻里，热心帮助他人，受到社区群众普遍好评。

（5）记分考核无扣分。

社区矫正对象一次获奖励5分或者累计奖励5分以上的，可受表扬奖励。

2. 立功的条件

社区矫正对象具有下列情形之一的，应认定为立功表现：

（1）检举、揭发犯罪行为，或者提供重要破案线索，经查证属实的。

（2）阻止他人犯罪活动的。

（3）在生产、科研活动中进行技术革新，成绩突出的。

（4）在抢险救灾或者排除重大事故中表现积极的。

（5）有其他有利于国家和社会的突出事迹的。

社区矫正对象具有《刑法》第七十八条规定的下列六种情形之一的，应认定为重大立功表现：

（1）阻止他人重大犯罪活动的。

（2）检举、揭发重大犯罪活动，经查证属实的。

（3）有发明创造或者重大技术革新的。

（4）在日常生产、生活中舍己救人的。

（5）在抗御自然灾害或排除重大事故中，有突出表现的。

（6）对国家和社会有其他重大贡献的。

社区矫正对象有立功表现的，可以记功；有重大立功表现的，应当记功。

3. 减刑的条件

对于减刑，其条件应具备下列情形之一：

（1）确有悔改表现。

（2）具有立功表现。

具体来说，减刑需要根据不同的情况予以区别对待：被判处管制的矫正对象在矫正期间确有悔改表现的或有立功表现的可呈报减刑，有重大立功表现的应当呈报减刑；宣告缓刑的矫正对象有重大立功表现的可呈报减刑，同时相应缩减缓刑考验期限；暂予监外执行的矫正对象有立功表现的可呈报减刑，有重大立功表现的应当呈报减刑。

"确有悔改表现"是指同时具备下列情形：

（1）认罪伏法，即遵守国家法律、法规及社区矫正监督管理各项规定，服从管理并安心接受教育改造。

（2）认真遵守法律、法规及社区矫正的有关管理规定。

（3）积极参加政治、文化、技术学习，接受教育矫正。

（4）积极参加公益劳动，完成规定的劳动任务。

被判处管制、宣告缓刑、暂予监外执行的社区服刑人员，矫正期在一年以下的考核累计积分达到 100 分，矫正期在一年以上的考核累计积分达到 150 分，可以被认为是"确有悔改表现"，可依照法定程序提请人民法院予以减刑。

（二）奖励的实施

奖励的审批程序是：

（1）应当给予社区矫正对象表扬或者物质奖励的，由街道（或乡镇）社区矫正工作小组作出初步决定，并负责填写社区矫正对象奖惩审批表，并经街道（或乡镇）社区矫正工作办公室审核后，报区（或县）社区矫正工作领导办公室审核批准并备案。

（2）社区矫正对象有法定立功表现的，由街道（或乡镇）社区矫正工作小组负责填写社区矫正对象奖惩审批表，并经街道（或乡镇）社区矫正工作办公室审核后，报区（或县）社区矫正工作领导办公室审核批准，依法给予立功奖励。

（3）社区矫正对象符合减刑条件的，先由社区矫正工作小组填写社区矫正对象奖惩审批表，经街道（或乡镇）社区矫正工作办公室审议，再报区（或县）社区矫正工作办公室审核，最后报请人民法院依法裁定。

### 四、惩罚的种类、条件及实施

#### （一）惩罚的种类

对社区矫正对象的惩罚分为警告处分、治安管理处罚、收监执行、撤销假释、撤销缓刑五种。

#### （二）惩罚的条件

社区矫正对象有下列行为之一的，视情节分别给予警告处分、治安管理处罚、收监执行、撤销假释、撤销缓刑：

（1）不服从社区矫正工作人员管理，情节严重的。

（2）违反社区矫正的有关管理规定，不按时向街道（镇）社区矫正办公室报到、汇报思想与行为情况，拒不参加社区矫正活动的。

（3）擅自离开规定活动范围或逃避监督管理的。

（4）违反社会公德，造成恶劣影响的。

（5）有其他违反法律、法规行为的。

在具体的量化操作上，依据日常考核结果，社区服刑人员当月累计处罚分超过 10 分，或连续 6 个月累计处罚分超过 30 分的，或本年度内累计处罚分超过 50 分的，可给予警告处分一次。

被宣告缓刑、裁定假释、暂予监外执行的社区矫正对象被给予警告处分累计 2 次，记过或治安管理处罚 1 次，经教育仍不悔改的，可给予撤销缓刑执行原判刑罚、撤销假释收监执行、撤销监外执行收监执行。

社区服刑人员有下列情形之一的，应当撤销缓刑，执行原判刑罚或撤销假释、暂予监外执行，收监执行未执行完毕的刑罚或者移送司法机关处理：

（1）受到两次记过的。

（2）威胁、报复受害人、社区矫正工作机构人员和司法工作人员的。

（3）发现余罪、漏罪的。

（4）重新犯罪的。

（5）其他法定情形。

（三）惩罚的实施

（1）对社区矫正对象给予警告和记过处分，由街道（乡镇）社区矫正办公室作出初步决定，并填写社区矫正对象奖惩审批表，附有关材料，由街道（乡镇）社区矫正工作领导小组审核后，报区社区矫正工作领导小组办公室审核批准并备案。

（2）社区矫正对象违反治安管理规定的，由社区矫正工作小组填写社区矫正对象奖惩审批表，报街道（乡镇）社区矫正工作办公室审核，再移送公安机关依法决定给予治安管理处罚。

（3）暂予监外执行的社区矫正对象违反有关规定，情节严重，有收监执行必要的，先由社区矫正工作小组与公安派出所商议提出意见，并填写社区矫正对象奖惩审批表，经街道（乡镇）社区矫正工作办公室审查同意，最后由公安机关移送原关押机关收监执行。

（4）发现被宣告缓刑、裁定假释的矫正对象违反社区矫正有关规定，有必要撤销缓刑、假释的，由社区矫正工作小组与公安派出所商议提出意见，填写社区矫正对象奖惩审批表，经街道（乡镇）社区矫正工作办公室审查同意，再报区、县社区矫正工作办公室审查核准；然后报请区（县）检察机关和公安机关审查同意后，由区（县）公安机关提请有关人民法院裁定。撤销缓刑或假释后，由公安机关送关押监狱（或看守所）执行。

# 第九章　社区矫正的解除

社区矫正的解除是指矫正对象接受矫正的法定情形消失，社区矫正执行机关终止对矫正对象的矫正工作的情形。

## 第一节　社区矫正解除的条件

### 一、矫正对象的矫正期

因矫正原因的不同，不同的矫正对象的矫正期有所区别。《司法行政机关社区矫正工作暂行办法》规定：

（1）被判处管制的矫正对象，其社区矫正期与法院宣判管制期相同，执行日期从判决执行之日起计算。

（2）被宣告缓刑的矫正对象，其社区矫正期与法院宣判缓刑期相同，执行日期从判决执行之日起计算。

（3）被裁定假释的矫正对象，其社区矫正期与法院宣判裁定假释期相同，执行日期从假释之日起计算。

（4）被剥夺政治权利的矫正对象，其社区矫正期为实际被剥夺政治权利的期限，单处剥夺政治权利的执行日期从判决确定之日起计算，附加剥夺政治权利的执行日期从主刑执行完毕之日起或假释之日起计算。

（5）暂予监外执行的矫正对象，其社区矫正期与法院或监狱管理机关或公安机关批准的暂予监外执行期限相同，执行日期从出监（所）之日起计算。

### 二、矫正对象解除矫正的条件

根据《司法行政机关社区矫正工作暂行办法》的相关规定，矫正对象符合下列条件之一的，即可解除社区矫正。

1. 因矫正期满而解除矫正

被判处管制、宣告缓刑、裁定假释、剥夺政治权利、暂予监外执行的矫正对象矫正期满的，解除矫正。

2. 因被收监或羁押而解除矫正

暂予监外执行的矫正对象，当暂予监外执行的情形消失或矫正期满，原批准机关作出收监决定的，解除矫正。

矫正对象因在矫正期间违反法律、法规和社区矫正相关规定，被撤销假释或被撤销缓刑、被撤销暂予监外执行而被收监执行的，解除矫正。

矫正对象因重新犯罪而被公安机关羁押的，解除矫正。

3. 因矫正对象死亡而解除矫正

矫正对象死亡的，自死亡之日起，矫正自动终止。

## 第二节　社区矫正解除的程序

### 一、因矫正期满而解除的程序

《司法行政机关社区矫正工作暂行办法》第三十六条规定：“被判处管制、宣告缓刑、裁定假释、单处或者并处剥夺政治权利的社区服刑人员，应当在矫正期满前30日由本人作出书面总结，由司法所出具相关考核鉴定材料，依照法定程序终止社区矫正。”根据这一规定，社区矫正对象矫正期满时，司法所应当做好以下几方面的具体工作：

1. 督促和指导社区矫正对象完成矫正期满总结

在矫正对象矫正期满前30日，司法所应当督促和指导其完成矫正期满书面总结。

2. 会同公安派出所组织召开矫正期满评议会

在矫正对象提交书面总结后，司法所应当会同公安派出所及时召开由司法所工作人员、公安派出所民警、村（居、社区）干部、帮教小组代表、社区矫正志愿者、社区矫正对象及其家属等相关人员参加的评议会，对矫正对象的矫正情况进行综合评议。评议会由司法所所长主持。

3. 出具矫正期满鉴定材料并报批

司法所应当会同公安派出所根据评议结果，对矫正对象作出相应的鉴定，报乡镇（街道）社区矫正工作领导小组审查、县（市、区）级社区矫正工作领导小组审核以及县（市、区）级公安机关审批。

4. 矫正期满的宣告

矫正对象矫正期满应当公开宣告。社区矫正对象期满当日，司法所应当会同公安派出所通过召开由相关人员参加的矫正对象矫正期满宣告现场会等适当的形式和方式，向社区矫正对象本人及其居住地的群众宣读社区矫正期满宣告书，宣布对矫正对象解除矫正。

被判处缓刑、假释、管制、剥夺政治权利人员的缓刑考验期满通知书、假释考验期满通知书、恢复政治权利通知书、解除管制通知书，由当地公安机关签发。

保外就医的矫正对象服刑期满时，由原收押的监狱、看守所办理释放手续。

## 二、因被收监或羁押而解除的程序

1. 暂予监外执行期满被收监而解除矫正的程序

《司法行政机关社区矫正工作暂行办法》第三十七条规定："对于暂予监外执行的社区服刑人员，暂予监外执行期满前30日，由司法所出具相关材料，经上级司法行政机关审查后，报原关押单位。原批准机关决定收监的，社区矫正终止。"

根据这一规定，司法所应当在社区矫正对象暂予监外执行期满前30日，会同公安派出所提出意见，经县（市、区）级社区矫正工作领导小组审查后，送县（市、区）级公安机关审核。其中保外就医的，由县（市、区）级公安机关通知原收押监狱、看守所收监执行；因其他原因暂予监外执行的，由县（市、区）级公安机关提请该社区矫正对象户籍所在地的人民法院决定收监执行。原批准机关作出收监决定的，司法所应在矫正对象被收监时，在矫正对象所在社区内以一定的形式宣布对矫正对象解除矫正。



2. 矫正对象在矫正期间违反法律、法规和社区矫正相关规定，被撤销假释或被撤销缓刑、撤销暂予监外执行被收监执行或者因重新犯罪被羁押而解除矫正的程序

《司法行政机关社区矫正工作暂行办法》第三十八条规定："社区服刑人员被收监执行或者因重新犯罪被羁押的，自羁押之日起，社区矫正终止。"

根据这一规定，对于因矫正对象在矫正期间违反法律、法规和社区矫正相关规定，被撤销假释或被撤销缓刑、被撤销暂予监外执行被收监执行或者因重新犯罪被羁押的，司法所应当会同公安派出所提出意见，经县（市、区）级社区矫正工作领导小组审查后，送县（市、区）级公安机关审核。司法所应在矫正对象被收监或羁押时，在矫正对象所在社区内以一定的形式宣布对矫正对象解除矫正。

## 三、因矫正对象在矫正期间死亡而解除的程序

《司法行政机关社区矫正工作暂行办法》第三十九条规定："社区服刑人员死亡的，自死亡之日起，社区矫正终止。假释或者暂予监外执行的社区服刑

人员死亡的，司法所应当及时将有关情况书面通知原关押单位，并附相关证明材料。”

根据这一规定，社区矫正对象在矫正期间正常死亡的，司法所应及时通知当地公安机关，并会同相关医院开具死亡证明，办理相关手续。社区矫正对象在矫正期间非正常死亡的，司法所应及时通知当地公安机关，由公安机关依法处理。假释或者监外执行的矫正对象在矫正期间死亡的，司法所应当及时通知原关押单位，并附相关证明材料。

# 第十章　社区矫正工作台账、档案与文书

## 第一节　社区矫正工作台账

### 一、社区矫正工作台账的概念、意义

(一) 社区矫正工作台账的概念

社区矫正工作台账，是社区矫正的工作组织设立和管理的，全面、详细地记载本组织开展社区矫正工作情况的书面账册。一般来说，开展社区矫正工作的基层派出所、司法所都应设立社区矫正工作台账，社区矫正的各级领导部门也应有相应的社区矫正工作汇总和记录。本书所指的社区矫正工作台账，主要是基层司法所的社区矫正工作台账。

(二) 社区矫正工作台账的意义

司法所规范设立和管理社区矫正工作台账具有如下意义：

（1）工作台账可以反映基层开展社区矫正工作的状况。社区矫正工作台账，是对社区矫正各方面工作情况的全面、详细记载，是对社区矫正实际工作的书面反映。通过查阅工作台账，一个司法所矫正的人数、类别、各项具体工作的开展情况等都可以“一目了然”。

（2）工作台账可以反映矫正对象接受矫正的轨迹。社区矫正工作台账对社区矫正的各个工作环节都有较详细的记录，而且这个记录是连续的、动态的。通过查阅工作台账，可以基本掌握矫正对象接受矫正的全过程。

（3）工作台账是反映和发现问题的重要途径。工作台账记录的内容比较全面，通过工作台账的记录、查阅和检查，可以帮助工作者及时发现工作中的疏漏和问题。如一些重要文书、手续的缺失等。

（4）工作台账是促进社区矫正工作规范化的重要途径。在很大程度上，工作台账的规范化与社区矫正工作的规范化具有相关性。规范的工作台账是工作规范化的表现，通过工作台账的规范化建设，可以有力地促进社区矫正工作的规范化。

（5）工作台账是对社区矫正工作进行监督和检查的重要途径。司法所开展社区矫正的工作要接受上级机关和有关部门的监督和检查。通过对工作台账

的查阅、检查，可以比较快速、全面地了解司法所开展社区矫正工作的总体情况，其工作的成绩和问题在很大程度上会通过工作台账反映出来。对工作台账的书面监督和检查具有快速、简便的优点。但是，监督和检查不能仅仅停留在书面监督和检查的层面上。

### 二、社区矫正工作台账管理的基本要求

（一）真实

社区矫正工作台账必须真实，它所登记、记录的内容不能虚构，也不能隐瞒。绝不允许为了夸大成绩、掩饰问题等目的，或出于懒惰、应付等其他原因，而虚报一些数据，编造一些材料。否则，不仅会使社区矫正工作台账失去意义，而且也助长了浮夸、形式主义等歪风邪气。

（二）全面

社区矫正工作台账包含的内容比较多，涉及社区矫正工作的各个方面、各个环节。社区矫正工作台账要全面记录、反映社区矫正工作的各个方面、各个环节。社区矫正工作台账的全面性，首先体现在记录项目的全面上，该记录的项目必须记录；其次体现在内容的全面上，每一个记录项目在内容上都要力求详尽，如对一次公益劳动的记录，应详细记录其参加者、起止时间、地点、劳动内容、效果、缺席人员及其缺席原因等。

（三）动态

社区矫正工作台账不是一成不变的，而是处于不断的变化过程中。工作台账的很多项目要定期记录，有些项目可能是每月一次汇总，有些项目可能是每周一次登记，还有些项目，如社区矫正工作日志，是每天一次记录，有些项目要随时记录。这就要求社区矫正工作台账的管理者不能一劳永逸，而是要把社区矫正工作台账的记录、管理作为一项日常的、常规性的工作。

在实际工作中，有些条件较好的司法所将社区矫正工作台账电子化。将工作台账的各个项目记录在电脑中，通过电脑显现，使工作台账更清晰、更形象，也有利于提高工作效率。但是，必须强调的是，电子化的工作台账不能取代书面的社区矫正工作台账。

### 三、社区矫正工作台账的内容

社区矫正工作台账记录的内容比较多，比较繁杂。我们可以根据社区矫正的工作流程来概括社区矫正工作台账的内容。

社区矫正工作流程分为四大环节：

第一环节：社区矫正的审批决定。

第二环节：社区矫正的接收。

第三环节：社区矫正的执行。

第四环节：社区矫正的终止。

按照这四个环节，加上工作日志，社区矫正工作台账的内容可以划分为以下五个方面：

（一）第一环节的台账

第一环节，是社区矫正的审批决定。这一环节的文书材料由人民法院的判决书、裁定书、决定书，以及公安、监狱的法律文书组成。这类文书在入账的时候，一般按时间顺序排列，如果数量较多，则按顺序分类排列。工作台账中的这些法律文书，一般不是原件，而是经过核对的复印件。

（二）第二环节的台账

第二环节，是社区矫正的接收。这一环节的材料由接收工作中需要制作、运用的表格、文书组成，主要包括：

1. 社区矫正对象花名册

社区矫正对象花名册是司法所对本所所有的社区矫正对象的简要汇总登记，其内容相对比较简单。社区矫正对象花名册采用表格的形式，每页登记十几名对象，主要包括姓名、性别、出生年月、罪名、刑种、刑期、家庭住址及联系电话等栏目。



2. 社区矫正对象登记表

社区矫正对象登记表是对每一名矫正对象较详细情况的登记。该登记表采用表格形式，由矫正机关统一制作，在矫正对象入矫时由其本人填写。主要内容包括姓名、性别等个人基本情况，罪名、刑种、刑期，家庭成员及主要社会关系，个人简历，同案犯情况等。

3. 社区矫正告知书

社区矫正机关在接收矫正对象时，要履行告知义务，要告知矫正对象什么是社区矫正、矫正对象的权利和义务等。社区矫正告知书将这些告知内容转化成书面的形式，在入矫接收时，由矫正工作者向矫正对象宣读，并由矫正对象签收。

4. 接受社区矫正保证书

接受社区矫正保证书是矫正对象入矫时必须签署、宣读的，表示愿意接受社区矫正并遵守相关规定的书面保证。由于各类矫正对象需要遵守的规定有所区别，接受社区矫正保证书一般按矫正对象的类别分别制作。

（三）第三环节的台账

第三环节，是社区矫正的执行。本环节的台账内容较多，主要包括：

1. 社区矫正对象人户分离的情况

社区矫正对象人户分离，是指社区矫正对象的户籍地和居住地不属于同一社区矫正机构管辖以及社区矫正对象不住在户籍地满3个月的状况。出现人户分离的情况，应当填写两个表格：

（1）社区矫正对象人户分离登记表。

（2）社区矫正对象人户分离联系单。

对社区矫正对象人户分离的管理应当采用居住地社区矫正机构为主管理，户籍地社区矫正机构协助管理的办法。居住地是指社区矫正对象离开户籍地后连续实际居住时间达3个月以上的住地。

社区矫正对象居住地和户籍地的矫正机构虽有主次之分工，但都有管理的义务，均应掌握矫正对象人户分离的情况。户籍地的矫正机构应掌握矫正对象在居住地的详细住址、共同居住人，在居住地的工作、生活情况及在居住地接受社区矫正的基本情况等；居住地的社区矫正机构则应掌握矫正对象在户籍地的住址、家庭、经历等情况。因此，出现人户分离的情况，户籍地与居住地的社区矫正机构均应填写社区矫正对象人户分离登记表，以掌握其人户分离的相关情况。

社区矫正对象人户分离联系单是户籍地与居住地矫正机构相互联系的工具。户籍地社区矫正机构应当及时向居住地社区矫正机构寄发社区矫正对象人户分离联系单并要求转递有关材料，居住地社区矫正机构填写留存后将联系单寄回户籍地矫正机构。转递的材料应当包括社区矫正对象在服刑期间的有关法律文书复印件以及社区矫正期间的矫正材料。

2. 社区矫正对象请（销）假、外出情况

（1）社区矫正对象外出审批登记表。

（2）社区矫正对象请（销）假登记表。

社区矫正对象请（销）假、外出情况是社区矫正机构必须全面、详细记录的内容。这两个表格分别记录了社区矫正对象外出和请（销）假的基本情况。

3. 考核、奖惩情况

（1）社区矫正对象考核记分表。

（2）社区矫正对象奖惩登记表、奖励通知书、警告处分通知书、治安管理处罚建议书、撤销缓刑建议书、撤销假释建议书、减刑建议书、暂予监外执行矫正对象收监建议书等。

社区矫正对象考核记分表是司法所对社区矫正对象每月进行考核记分的表格，包括姓名、考核项目、加减分情况等内容。如果社区矫正对象获得了奖励或受到惩罚，应填写社区矫正对象奖惩登记表，包括姓名、奖惩情况、奖惩原因等内容。奖励通知书等奖惩相关文书也应一同收入工作台账。

4. 教育学习情况

（1）入矫、解矫教育情况。

（2）组织、开展集中教育的情况，包括开展集中教育的计划、每次集中教育的工作记录和有关集中教育的专题材料。

（3）组织、开展分类教育的情况，包括开展分类教育的计划、每次分类教育的工作记录和有关分类教育的专题材料。

（4）开展个别教育的情况，包括心理矫正计划及其开展情况。

（5）组织、开展技能培训的情况，包括开展技能培训的计划、有关技能培训的专题材料和技能培训情况登记表。

5. 公益劳动情况

（1）社区矫正对象参加公益劳动情况表。

（2）有关公益劳动基地的情况，包括公益劳动基地协议书、公益劳动基地一览表。

这几个材料是对社区矫正公益劳动情况的记录。通过社区矫正对象参加公益劳动情况表，可以了解每一个矫正对象参加公益劳动的时间、地点、劳动项目、工作量、劳动效果等；公益劳动基地协议书是矫正机构与相关单位所签署的同意将某一场所作为社区矫正公益劳动基地的书面协议；公益劳动基地一览表展现的是社区矫正机构所建立、签署的所有公益劳动基地的总体情况，包括基地名称、地址、负责人、联系人、劳动项目、协议签署时间等内容。



6. 帮困解难情况

（1）帮困解难登记表。

（2）就业推荐登记表。

（3）有关帮困解难专题材料。

这几个材料是对社区矫正对象进行帮助的情况记录。帮困解难登记表主要包括社区矫正对象的困难情况以及帮助的计划、措施、效果、责任人等内容；就业推荐登记表主要包括社区矫正对象及其家庭的基本情况、推荐就业的原因、被推荐人的就业意愿、推荐就业的单位、推荐结果等内容。帮困解难的一些专题典型材料，也应整理归入台账。

7. 社区矫正志愿者情况

（1）社区矫正志愿者名册。

（2）社区矫正志愿者协议书。

（3）有关社区矫正志愿者材料。

这几个材料是关于社区矫正志愿者的记录。社区矫正志愿者名册是对全体志愿者的总体记录，包括姓名、年龄、职业、学历、住址、工作单位等内容；社区矫正志愿者协议书是志愿者与社区矫正机构之间所签署的，表明相关人员愿意担任志愿者，并享有相关权利、承担相关义务的协议。另外，志愿者的学历证书、相关资格证书以及接受培训情况等材料，也应整理归入台账。

（四）第四环节的台账

第四环节，是社区矫正的终止。这一环节的台账主要包括以下内容：

（1）社区矫正对象期满鉴定表。

（2）社区矫正对象自我总结。

（3）解除社区矫正宣告书。

（4）社区矫正对象死亡通知书。

（5）社区矫正对象档案移交通知书。

（6）社区矫正对象脱管通知书。

社区矫正对象期满鉴定表是社区矫正对象矫正期满时，由社区矫正机构对矫正对象接受矫正期间的总体情况进行总结、评价所填写的表格。社区矫正对象在矫正期满时要作书面的自我总结，对自己接受改造的情况进行总结、回顾和展望。对社区矫正对象解除矫正时，要进行宣告，必须有书面的宣告书，宣告后要由宣告人、被宣告人签字。社区矫正对象死亡的，应制作社区矫正对象死亡通知书，并通知检察院、原关押监狱、上级司法行政机关、公安机关等相关单位。社区矫正对象档案移交通知书是因撤销缓刑、假释而收监执行等需要移交档案时，由社区矫正机构向接受移交单位所发出的通知书。发现社区矫正对象脱管的，应制作社区矫正对象脱管通知书，并立即通知检察院、公安机关、原关押监狱等相关单位。

（五）社区矫正工作日志

司法所应做社区矫正工作日志，记录每日开展社区矫正工作的具体情况。

## 第二节　社区矫正对象档案及主要文书

### 一、社区矫正对象档案的概念与意义

档案是指国家机关、社会团体、企事业单位和个人，在从事政治、军事、经济、科学、技术、文化、宗教等活动中直接形成的具有保存价值的历史记录材料。社区矫正对象档案，是社区矫正对象在接受社区矫正过程中所形成的具有保存价值的历史记录材料的总称。

对纳入社区矫正的社区矫正对象必须建立矫正档案。矫正档案是社区矫正对象接受社区矫正的法律依据、类型、期限、过程、现状和矫正效果的综合、

全面反映。社区矫正对象档案的管理是社区矫正工作中的一项重要内容。社区矫正对象接受矫正的情况都要记入档案，这对矫正对象来说，是一种约束和促进；对社区矫正工作来说，矫正对象档案是检查、总结、评估矫正工作的重要依据。

## 二、社区矫正对象档案管理的基本要求

1. 一人一档

司法所应当在矫正对象被决定执行社区矫正之日起建立矫正档案。社区矫正对象档案应以矫正对象为单位，一人一档。一人一档在形式上的表现就是每名矫正对象都有自己独立的档案盒或档案袋。不允许将两名以上矫正对象的档案混合在一起。

2. 专人管理

矫正对象档案由司法所专人管理。一般来说，矫正对象档案都由司法所的文秘、内勤人员管理。

3. 安全保密

矫正对象档案管理，应当遵守档案管理的一般要求，具备保密、防遗失、防潮、防虫、防霉等基本保管条件。

外调人员查阅档案的，凭县级以上政府或政法机关外调介绍信，经县（市、区）司法局批准，在指定地点阅卷。

矫正对象档案输入计算机的，计算机不得与国际互联网或其他网络连接。

4. 及时移交

矫正对象矫正地址变更时，档案应随矫正对象移交变更地的司法所。矫正对象重新犯罪、收监执行的，档案应移交给侦查、监狱机关。档案移交双方均应做好交接登记手续。

矫正对象被解除社区矫正后，司法所应在 1 个月内将该矫正对象的档案移交所在县（市、区）司法局集中统一保管。

## 三、社区矫正对象档案的内容

矫正对象档案应当包括以下内容：

（1）社区矫正对象法律文书原件或复印件：管制、缓刑、单处剥夺政治权利人员的判决书、起诉书副本、结案登记表、执行通知书；暂予监外执行人员的判决（裁定）书、起诉书副本、结案登记表、执行通知书、暂予监外执行审批表、保外就医证明书、保外就医取保书；假释人员的原判法律文书、假释裁定书、罪犯出监鉴定表；附加剥夺政治权利人员的原判法律文书、释放证明

书、出监鉴定表。

（2）假释、附加剥夺政治权利、暂予监外执行人员在监狱服刑期间接受教育改造的相关资料、奖惩情况、心理档案。

（3）社区矫正对象登记表。

（4）社区矫正对象接受社区矫正保证书、帮教协议。

（5）社区矫正对象矫正情况月报表。

（6）矫正方案。

（7）社区矫正对象外出请假审批表，社区矫正对象迁居审批表。

（8）社区矫正情况记录簿，包括学习教育记载、公益劳动记载、心理矫正记载、谈话记录等。

（9）社区矫正对象考察表、评审鉴定表。

（10）社区矫正对象奖惩审批表及相关材料。

（11）社区矫正期满鉴定表。

（12）社区矫正期满证明书或通知书（解除管制通知书、假释考验期满证明书、恢复政治权利证明书、缓刑期满证明书）。

（13）其他应当归档的重要材料。社区矫正对象在矫正期间死亡的，死亡证明、法医鉴定等有关材料应归档。

### 四、社区矫正工作主要文书格式示例

# 社区矫正对象登记表

社区矫正单位：＿＿＿＿＿＿　登记日期：＿＿＿＿＿　编号：＿＿＿＿＿

| | | | | | | | |
|---|---|---|---|---|---|---|---|
| 姓　名 | | 曾用名 | | 身份证号码 | | | 照片 |
| 性　别 | | 民　族 | | 出生年月 | | 出生地 | |
| 政治面貌 | | 文化程度 | | 婚姻状况 | | 健康状况 | |
| 家庭地址 | | | | 联系电话 | | | |
| 原工作单位或职业 | | | | | 职　务 | | |
| 法院判决日期 | | | | | 关押监狱名称<br>（曾在监狱服刑的罪犯填写） | | |
| 司法所收到监狱或法院文书、材料时间 | | | | | 判决书、裁定书字号 | | |
| 罪　名 | | 主刑刑种 | | 刑期起止 | | 起 | |
| | | | | | | 止 | |
| 是否有附加刑 | | 附加刑刑种 | | 剥夺政治权利起止 | | 起 | |
| | | | | | | 止 | |
| 到司法所报到时间 | | 矫正类别 | | | | 矫正期限 | 起：<br>止： |
| 主要犯罪事实 | | | | | | | |

（续上表）

<table>
<tr><td rowspan="6">家庭主要成员</td><td colspan="2">姓　名</td><td>关　系</td><td colspan="2">工作单位</td><td>联系电话</td></tr>
<tr><td colspan="2"></td><td></td><td colspan="2"></td><td></td></tr>
<tr><td colspan="2"></td><td></td><td colspan="2"></td><td></td></tr>
<tr><td colspan="2"></td><td></td><td colspan="2"></td><td></td></tr>
<tr><td colspan="2"></td><td></td><td colspan="2"></td><td></td></tr>
<tr><td colspan="2"></td><td></td><td colspan="2"></td><td></td></tr>
<tr><td rowspan="5">主要社会关系</td><td colspan="2"></td><td></td><td colspan="2"></td><td></td></tr>
<tr><td colspan="2"></td><td></td><td colspan="2"></td><td></td></tr>
<tr><td colspan="2"></td><td></td><td colspan="2"></td><td></td></tr>
<tr><td colspan="2"></td><td></td><td colspan="2"></td><td></td></tr>
<tr><td colspan="2"></td><td></td><td colspan="2"></td><td></td></tr>
<tr><td rowspan="5">个人简历</td><td colspan="3">起止时间</td><td colspan="2">所在单位</td><td>职业职务</td></tr>
<tr><td colspan="3"></td><td colspan="2"></td><td></td></tr>
<tr><td colspan="3"></td><td colspan="2"></td><td></td></tr>
<tr><td colspan="3"></td><td colspan="2"></td><td></td></tr>
<tr><td colspan="3"></td><td colspan="2"></td><td></td></tr>
<tr><td rowspan="5">同案犯</td><td>姓名</td><td>性别</td><td>出生日期</td><td>罪名</td><td>刑种与刑期</td><td>工作单位或家庭住址</td></tr>
<tr><td></td><td></td><td></td><td></td><td></td><td></td></tr>
<tr><td></td><td></td><td></td><td></td><td></td><td></td></tr>
<tr><td></td><td></td><td></td><td></td><td></td><td></td></tr>
<tr><td></td><td></td><td></td><td></td><td></td><td></td></tr>
</table>

注：本表由社区服刑人员到街道（乡镇）社区矫正办公室登记时填写。填写内容必须真实、准确。

# 社区矫正告知书

一、社区矫正是与监禁矫正相对的行刑方式，是指将符合社区矫正条件的罪犯置于社区内，由专门的国家机关在相关社会团体和民间组织以及社会志愿者的协助下，在判决、裁定或决定确定的期限内，通过思想改造和劳动改造，矫正其犯罪心理和行为恶习，并促进其回归社会的非监禁刑罚执行活动。

二、社区矫正对象应在刑事判决生效或决定作出后7日内或自出监（所）之日起7日内，持人民法院或公安机关或监狱开具的证明到居住地乡、镇、街道社区矫正办公室（司法所）、公安派出所办理登记手续。

三、社区矫正对象应遵守社区矫正的有关规定，服从社区矫正工作机构的教育、管理和监督，参加学习教育活动，有劳动能力的必须参加社区公益劳动。

四、社区矫正对象在矫正期间享有下列权利：

（一）人格不受侮辱；

（二）人身安全和合法财产不受侵犯；

（三）享有辩护、申诉、控告、检举以及其他未被依法剥夺或者限制的权利。



五、社区矫正对象应遵守国家的法律、行政法规和社区矫正工作机构有关监督管理的规定。

（一）根据《中华人民共和国刑法》第三十九条和社区矫正的有关规定，被判处管制的矫正对象，在执行期间，应当遵守下列规定：

1. 遵守法律、行政法规和社区矫正的有关规定，服从监督管理；

2. 未经批准，不得行使言论、出版、集会、结社、游行、示威自由的权利；

3. 定期报告自己的活动情况；

4. 遵守关于会客的规定；

5. 离开所居住的市、县或者迁居，向司法所报告，并经公安机关批准；

6. 遵守其他社区矫正监督管理规定。

（二）根据《中华人民共和国刑法》第七十五条、第八十四条和社区矫正的有关规定，被宣告缓刑或被裁定假释的矫正对象，应当遵守下列规定：

1. 遵守法律、行政法规和社区矫正的有关规定，服从监督管理；

2. 定期报告自己的活动情况；

3. 遵守关于会客的规定；

4. 离开所居住的市、县或者迁居，向司法所报告，并经公安机关批准；

5. 遵守其他社区矫正监督管理规定。

（三）根据我国刑法和社区矫正的有关规定，被判处剥夺政治权利的矫正对象，在执行期间，应当遵守下列规定：

1. 遵守法律、行政法规和社区矫正的有关规定，服从监督管理；

2. 不享有选举权和被选举权；

3. 不组织或者参加集会、结社、游行、示威活动；

4. 不出版、制作、发行书籍、音像制品；

5. 不接受采访、发表演说；

6. 不在境内外发表有损国家荣誉、利益或者其他具有社会危害性的言论；

7. 不担任国家机关职务；

8. 不担任国有公司、企业、事业单位和人民团体的领导职务；

9. 遵守其他监督管理规定。

（四）根据我国刑法、刑事诉讼法、公安部《公安机关对被判处管制、剥夺政治权利、缓刑、假释、保外就医罪犯的监督管理规定》和社区矫正的有关规定，服刑人员在保外就医期间应当遵守下列规定：

1. 遵守法律、行政法规和社区矫正的有关规定，服从监督管理；

2. 在指定的医院接受治疗；

3. 确因治疗、护理的特殊要求，需要转院或者离开居住区域的，向司法所报告，并经公安机关批准；

4. 进行治疗以外的社会活动向司法所报告，并经公安机关批准；

5. 遵守其他社区矫正监督管理规定。

六、根据《中华人民共和国治安管理处罚法》第六十条的规定，社区矫正对象有违反法律、行政法规和公安部门有关监督管理规定的行为，尚未构成新的犯罪的，处 5 日以上 10 日以下拘留，并处 200 元以上 500 元以下罚款；触犯刑律的，依法追究刑事责任。

根据《中华人民共和国刑法》第七十七条、第八十六条的规定，被宣告缓刑和假释的服刑人员在社区矫正期限内，犯新罪或发现判决宣告以前还有其他罪没有判决的，应当撤销缓刑、假释，追究刑事责任；有违反法律、行政法规和公安部门有关监督管理规定的行为，情节严重的，应当撤销缓刑，执行原判刑罚；有违反法律、行政法规和公安部门有关监督管理规定的行为，应当撤销假释，收监执行未执行完毕的刑罚。

根据《中华人民共和国刑事诉讼法》第二百一十四条规定，保外就医的服刑人员严重违反有关保外就医规定的，依法收监。

# 接受社区矫正保证书

## （被判处管制的社区矫正对象）

本人在社区矫正期间保证服从矫正组织和工作人员的教育、监督和管理，积极参加社区矫正机构组织的学习、劳动等活动，并严格遵守下列规定：

1. 遵守法律、行政法规和社区矫正的有关规定，服从监督管理；
2. 未经批准，不行使言论、出版、集会、结社、游行、示威自由的权利；
3. 定期报告自己的活动情况；
4. 遵守关于会客的规定；
5. 离开所居住的市、县或者迁居，向司法所报告，并经公安机关批准；
6. 遵守其他社区矫正监督管理规定。

保证人：

年　　月　　日



# 接受社区矫正保证书

## （被宣告缓刑或者被裁定假释的社区矫正对象）

本人在社区矫正期间保证服从矫正组织和工作人员的教育、监督和管理，积极参加社区矫正机构组织的学习、劳动等活动，并严格遵守下列规定：

1. 遵守法律、行政法规和社区矫正的有关规定，服从监督管理；
2. 定期报告自己的活动情况；
3. 遵守关于会客的规定；
4. 离开所居住的市、县或者迁居，向司法所报告，并经公安机关批准；
5. 遵守其他社区矫正监督管理规定。

保证人：

年　　月　　日

# 接受社区矫正保证书

## （暂予监外执行的社区矫正对象）

本人在社区矫正期间保证服从矫正组织和工作人员的教育、监督和管理，积极参加社区矫正机构组织的学习、劳动等活动，并严格遵守下列规定：

1. 遵守法律、行政法规和社区矫正的有关规定，服从监督管理；
2. 在指定的医院接受治疗；
3. 确因治疗、护理的特殊要求，需要转院或者离开居住区域的，向司法所报告，并经公安机关批准；
4. 进行治疗以外的社会活动向司法所报告，并经公安机关批准；
5. 遵守其他社区矫正监督管理规定。

保证人：

年　月　日

# 接受社区矫正保证书

## （被判处剥夺政治权利的社区矫正对象）

本人在社区矫正期间保证服从矫正组织和工作人员的教育、监督和管理，积极参加社区矫正机构组织的学习、劳动等活动，并严格遵守下列规定：

1. 遵守法律、行政法规和社区矫正的有关规定，服从监督管理；
2. 不享有选举权和被选举权；
3. 不组织或者参加集会、结社、游行、示威活动；
4. 不出版、制作、发行书籍、音像制品；
5. 不接受采访、发表演说；
6. 不在境内外发表有损国家荣誉、利益或者其他具有社会危害性的言论；
7. 不担任国家机关职务；

8. 不担任国有公司、企业、事业单位和人民团体的领导职务；
9. 遵守其他监督管理规定。

保证人：
年　月　日

## 接受社区矫正保证书
### （被附加剥夺政治权利的缓刑、假释社区矫正对象）

本人在社区矫正期间保证服从矫正组织和工作人员的教育、监督和管理，积极参加社区矫正机构组织的学习、劳动等活动，并严格遵守下列规定：

1. 遵守法律、行政法规和社区矫正的有关规定，服从监督管理；
2. 定期报告自己的活动情况；
3. 遵守关于会客的规定；
4. 离开居住的市、县或者迁居，向司法所报告，并经公安机关批准；
5. 不享有选举权和被选举权；
6. 不组织或者参加集会、结社、游行、示威活动；
7. 不出版、制作、发行书籍、音像制品；
8. 不接受采访、发表演说；
9. 不在境内外发表有损国家荣誉、利益或者其他具有社会危害性的言论；
10. 不担任国家机关职务；
11. 不担任国有公司、企业、事业单位和人民团体的领导职务；
12. 遵守其他监督管理规定。

保证人：
年　月　日

# 社区矫正工作监护协议书

社区矫正工作主体：________________司法所
社区矫正对象监护人：________________（由达到法定责任年龄，具有监护能力的近亲属或所在工作单位、居住地村、居委会担任）
社区矫正对象：________________

________司法所依据法律及有关规定，于____年____月____日接收社区服刑人员________在本社区实施社区矫正。为加强社区矫正对象的管理，确保矫正质量，本司法所与社区矫正对象监护人及社区矫正对象签订如下协议：

**司法所责任**

1. 根据社区矫正对象具体情况，制定、实施个案矫正；

2. 依据《中华人民共和国刑法》、《中华人民共和国刑事诉讼法》、××省（市或自治区）有关社区矫正规定，以及社区矫正工作领导小组制定的各项矫正制度，对社区矫正对象进行日常管理、监督、考核、评定、定期访谈，随时掌握社区矫正对象的现实表现；

3. 协调有关部门对社区矫正对象进行就业培训、就业指导以及落实社会保障等工作。

**社区矫正对象监护人责任**

1. 协助司法所做好社区矫正对象的日常管理和教育工作；

2. 督促社区矫正对象按时到司法所报到，定期汇报思想，参加学习，参加公益劳动；

3. 及时反映社区矫正对象情况，发现社区矫正对象有违法违纪行为，主动向司法所报告。

**社区矫正对象责任**

1. 接受司法所管理；

2. 接受社区矫正对象监护人的监督、帮助和管理；

3. 遵守法律、法规。

此协议一式三份，司法所、社区矫正对象监护人、社区矫正对象各持一份。

**司　法　所（公章）**

**____年____月____日**

**社区矫正对象监护人（签字或盖章）**

**____年____月____日**

**社区矫正对象（签字或手印）**

**____年____月____日**

# 社区矫正志愿者帮教协议书

社区矫正是与监禁矫正相对的行刑方式，是将符合社区矫正条件的罪犯置于社区内，由专门的国家机关在相关社会团体和民间组织以及社会志愿者的协助下，在判决、裁定或决定确定的期限内，通过思想改造和劳动改造，矫正其犯罪心理和行为恶习，并促使其回归社会的非监禁刑罚执行活动。

社区矫正志愿者是社区矫正工作中一支必不可少的辅助力量。

一、社区矫正志愿者

1. ________志愿参与______社区的矫正帮教工作，与社区矫正对象__________建立“一帮一”的矫正帮教关系，帮教时间自____年____月____日至____年____月____日。

2. 社区矫正志愿者参与社区矫正的主要工作内容：（1）每月保持与社区矫正对象沟通思想、联系情况；（2）参与对社区矫正对象的行政、司法奖惩和矫正期满的评议；（3）针对社区矫正对象的实际问题或突出困难，积极向社区有关部门反映，争取得到帮助；（4）关心社区矫正对象的学习或培训。

二、社区矫正工作者要定期与社区矫正志愿者沟通信息，研究社区矫正工作中的具体问题。

三、社区矫正对象要自觉遵守社区矫正的有关规定，积极、主动地接受社区矫正志愿者的帮教。

**社区矫正志愿者：**

**社区矫正工作者：**

**社区矫正对象：**

**年　　月　　日**

编号：____社矫第____号

# 矫 正 方 案

社区矫正对象姓名 ____________________

社区矫正机构名称（公章） ____________________

制　订　日　期 ____________________

| | | | | | | |
|---|---|---|---|---|---|---|
| 姓　名 | | 别　名 | | 性　别 | | 照片 |
| 文化程度 | | 出生日期 | | 民　族 | | |
| 原政治面貌 | | 婚姻状况 | | 籍　贯 | | |
| 身份证号码 | | 身体状况 | | 健康状况 | | |
| 原工作单位 | | | | 原职业、职务 | | |
| 户籍所在地 | | 固定居住地 | | | | |
| 判决书号 | | 审批机关 | | 判决日期 | | |
| 罪　名 | | | 刑　种 | | | |
| 原判刑期 | | 刑期起止 | 自　　起至　　止 | 附加刑 | | |
| 刑期变动 | | | | | | |
| 曾受何种奖惩 | | | | | | |
| 社区矫正期限 | 自　　起<br>至　　止 | 社区矫正类别 | | 入矫日期 | | |
| 主要犯罪事实 | | | | | | |

（续上表）

| | |
|---|---|
| 矫正对象情况分析 | |
| 矫正意见 | |
| 矫正措施 | 司法所人员：<br>社区民警：<br>村（居）委会工作人员：<br>社区矫正对象近亲属：<br>年　月　日 |

# 社区矫正对象月度考察表

矫正单位：　　　　　　　　　　　　　　　　　　　　　　　　　　年　　月

| 姓　名 | | 罪　名 | | 刑罚执行类　　别 | |
|---|---|---|---|---|---|
| 家　庭<br>住　址 | | | | | |
| 社　区<br>矫　正<br>对　象<br>本　人<br>小　结 | | | | | |
| 司<br>法<br>所<br>意<br>见 | | | | | |

说明：本表用于社区矫正对象月度小结，除最后栏外均由本人填写。用后存入社区矫正对象档案。社区矫正对象本人小结一栏，应填写参加学习、教育、公益劳动情况和日常表现等内容。

# 社区矫正对象年（季）度考察表

（　　　　年第　　季度）

姓　　名＿＿＿＿＿＿＿＿

矫正单位＿＿＿＿＿＿＿＿

<table>
<tr><td>姓名</td><td></td><td>别名</td><td></td><td>性别</td><td></td><td>出生<br>日期</td><td></td></tr>
<tr><td>籍贯</td><td></td><td>家庭<br>住址</td><td colspan="5"></td></tr>
<tr><td>罪名</td><td></td><td>刑种</td><td></td><td>原判<br>刑期</td><td></td><td>附加刑</td><td></td></tr>
<tr><td>刑期<br>起止</td><td colspan="3">自　　年　　月　　日起<br>至　　年　　月　　日止</td><td>刑期变<br>动情况</td><td colspan="3"></td></tr>
<tr><td>刑罚执<br>行类别</td><td></td><td>社区矫<br>正时间</td><td></td><td>社区矫正<br>时间起止</td><td colspan="3">自　　年　　月　　日起<br>至　　年　　月　　日止</td></tr>
<tr><td>主<br>要<br>犯<br>罪<br>事<br>实</td><td colspan="7"></td></tr>
<tr><td>本年<br>(季) 度<br>奖惩<br>情况</td><td colspan="7"></td></tr>
<tr><td rowspan="6">个<br>人<br>鉴<br>定</td><td colspan="7">认罪伏法情况：</td></tr>
<tr><td colspan="7">遵守社区矫正纪律情况：</td></tr>
<tr><td colspan="7">参加思想教育、技能培训情况：</td></tr>
<tr><td colspan="7">参加公益劳动情况：</td></tr>
<tr><td colspan="7">其他情况：</td></tr>
<tr><td colspan="7">今后努力方向：</td></tr>
</table>

（续上表）

| | |
|---|---|
| 矫正责任人意见 | （签名）<br>年 月 日 |
| 司法所意见 | （签名）<br>年 月 日 |
| 乡镇（街道）社区矫正工作机构意见 | （签名）<br>年 月 日 |

说明：本表为社区矫正对象季度、年度矫正总结用表，每季末或年终组织填写。前半部分由矫正对象填写，后半部分分别由矫正责任人、司法所长、乡镇（街道）社区矫正工作机构负责人填写。用后存入档案。

# 社区矫正对象外出请假申请审批表

矫正单位：　　　　　　　　　　　　　　　　　　　　　请假日期：

<table>
<tr><td>姓名</td><td></td><td>性别</td><td></td><td>出生日期</td><td></td><td>罪名</td><td></td><td>刑期</td><td></td></tr>
<tr><td>刑罚执行类别</td><td colspan="4"></td><td colspan="2">社区矫正时间起止</td><td colspan="3">自　　年　　月　　日起<br>至　　年　　月　　日止</td></tr>
<tr><td>活动范围</td><td colspan="4"></td><td colspan="2">外 出<br>目的地</td><td colspan="3"></td></tr>
<tr><td rowspan="3">被访对象或在外联系人</td><td>姓名</td><td colspan="2">与矫正对象关系</td><td colspan="4">职业及工作单位</td><td colspan="2">政治面貌</td></tr>
<tr><td></td><td colspan="2"></td><td colspan="4"></td><td colspan="2"></td></tr>
<tr><td>家庭住址</td><td colspan="4"></td><td colspan="2">联系电话</td><td colspan="2"></td></tr>
<tr><td>请假事由</td><td colspan="9"></td></tr>
<tr><td>司法所意见</td><td colspan="9"></td></tr>
<tr><td>乡镇（街道）社区矫正工作机构意见</td><td colspan="9"></td></tr>
<tr><td>县（市、区）社区矫正工作机构意见</td><td colspan="9"></td></tr>
</table>

说明：1. 此表除审批部分外，由申请人本人填写。

2. 此表报所在地县（市、区）公安机关备案。

# 社区矫正对象迁居审批表

矫正单位：　　　　　　　　　　　　　　申请迁居日期：

<table>
<tr><td>姓名</td><td></td><td>性别</td><td></td><td>出生日期</td><td></td><td>罪名</td><td></td><td>刑期</td><td></td></tr>
<tr><td>刑罚执行类别</td><td colspan="3"></td><td>社区矫正时间起止</td><td colspan="5">自　年　月　日起<br>至　年　月　日止</td></tr>
<tr><td>籍贯</td><td></td><td>原居住地</td><td colspan="2"></td><td>迁居目的地</td><td colspan="4"></td></tr>
<tr><td rowspan="5">迁居地基本情况</td><td rowspan="4">亲属情况</td><td>姓名</td><td>与矫正对象关系</td><td>职业</td><td colspan="3">家庭住址</td><td colspan="2">政治面貌</td></tr>
<tr><td></td><td></td><td></td><td colspan="3"></td><td colspan="2"></td></tr>
<tr><td></td><td></td><td></td><td colspan="3"></td><td colspan="2"></td></tr>
<tr><td></td><td></td><td></td><td colspan="3"></td><td colspan="2"></td></tr>
<tr><td colspan="2">就业（就医）情况</td><td colspan="7"></td></tr>
<tr><td>迁居事由</td><td colspan="9"></td></tr>
<tr><td>乡镇（街道）社区矫正工作机构意见</td><td colspan="9">（签名）<br>年　月　日</td></tr>
<tr><td>县（市、区）社区矫正工作机构意见</td><td colspan="9">（签名）<br>年　月　日</td></tr>
</table>

说明：1. 此表一式两份，一份原司法所留存，一份随档案移交迁居地司法所。

2. 社区矫正对象迁居申请书应作为本审批表附件一并上报审核。

3. 此表报所在地县（市、区）公安机关备案。

# 社区矫正对象行政奖惩审批表

| | | | | | |
|---|---|---|---|---|---|
| 姓　名 | | 性　别 | | 入矫日期 | |
| 罪　名 | | 原判刑期 | | 刑期起止 | 自　　年　　月　　日起<br>至　　年　　月　　日止 |
| 社区矫正类型 | | 社区矫正期限 | 自　　年　　月　　日起<br>至　　年　　月　　日止 | | |
| 奖惩类别 | | | | | |
| 奖惩依据 | | | | | |
| 司法所意见 | 年　　月　　日（公章） | | | | |
| 乡镇（街道）社区矫正工作机构意见 | 年　　月　　日（公章） | | | | |
| 县（市、区）司法局意见 | 年　　月　　日（公章） | | | | |

说明：对社区矫正对象给予表扬、矫正积极分子、记功奖励和警告、记过处分均填写此表。

# 社区矫正对象司法奖惩审批表

| | | | | | | | |
|---|---|---|---|---|---|---|---|
| 姓名 | | 别名 | | 性别 | | 出生日期 | |
| 籍贯 | | 家庭住址 | | | | | |
| 罪名 | | 刑种 | | 原判刑期 | | 附加刑 | |
| 刑期起止 | 自　年　月　日起<br>至　年　月　日止 | | | 刑期变动情况 | | | |
| 社区矫正类型 | | 社区矫正时间 | | 社区矫正时间起止 | 自　年　月　日起<br>至　年　月　日止 | | |
| 犯罪事实 | | | | | | | |
| 建议司法奖惩及其主要依据 | | | | | | | |

（续上表）

| | |
|---|---|
| 司法所意见 | 年　　月　　日（公章） |
| 乡镇（街道）社区矫正工作领导小组意见 | 年　　月　　日（公章） |
| 县（市、区）司法局意见 | 年　　月　　日（公章） |
| 检察机关意见 | 年　　月　　日（公章） |
| 公安机关意见 | 年　　月　　日（公章） |

说明：此表为所有司法奖惩类别的审批用表，不同的奖惩类别按照本省（市）社区矫正对象考核奖惩办法的规定，报送相关机关审批。

# 社区矫正对象奖励通知书

____________________：

根据《××省（××市）社区矫正对象考核奖惩办法》等相关规定，因你具有________________________________________________________________________________________________________________________________________________________________________________________的良好表现，经______________________审核同意，决定给予____________________________奖励。

__________县（市、区）__________乡镇（街道）

司法所（公章）

年　月　日

# 社区矫正对象惩处通知书

____________________：

根据《××省（××市）社区矫正对象考核奖惩办法》等相关规定，因你具有________________________________________________________________________________________________________________________________________________________________________________________的违纪行为，经______________________审核同意，决定予以____________________________一次。

__________县（市、区）__________乡镇（街道）

司法所（公章）

年　月　日

# 社区矫正对象期满鉴定表

<table>
<tr><td>姓　名</td><td></td><td>性　别</td><td></td><td>出生年月</td><td></td></tr>
<tr><td rowspan="2">矫正类别</td><td rowspan="2"></td><td rowspan="2">矫正起止时间</td><td colspan="3">起：</td></tr>
<tr><td colspan="3">止：</td></tr>
<tr><td>奖惩情况</td><td colspan="5"></td></tr>
<tr><td>责任人<br>鉴定</td><td colspan="5">责任人（签名）：　　　　年　　月　　日</td></tr>
<tr><td colspan="3">司法所鉴定</td><td colspan="3">派出所鉴定</td></tr>
<tr><td colspan="3">司法所所长（签名）：<br>（司法所盖章）　　　年　　月　　日</td><td colspan="3">派出所所长（签名）：<br>（派出所盖章）　　　年　　月　　日</td></tr>
<tr><td colspan="2">街道（乡镇）社区矫正试点工作领导小组审核</td><td colspan="4">组长（签名）：　　（公章）　　年　　月　　日</td></tr>
<tr><td colspan="3">县（市、区）司法局审核意见</td><td colspan="3">县（市、区）公安局审核意见</td></tr>
<tr><td colspan="3">司法局局长（签名）：<br>（司法局盖章）　　　年　　月　　日</td><td colspan="3">公安局局长（签名）：<br>（公安局盖章）　　　年　　月　　日</td></tr>
<tr><td colspan="2">县（市、区）社区矫正试点工作领导小组审批</td><td colspan="4">组长（签名）：　　（公章）　　年　　月　　日</td></tr>
<tr><td>备　注</td><td colspan="5"></td></tr>
</table>

# 社区矫正对象期满审批表

| | | | | | | | | | |
|---|---|---|---|---|---|---|---|---|---|
| 姓名 | | 性别 | | 出生日期 | | 民族 | | 籍贯 | |
| 别名 | | 职业 | | 文化程度 | | 健康状况 | | | |
| 身份证号 | | 固定居住地 | | | | | | | |
| 婚姻状况 | | 户籍所在地 | | | | | | | |
| 判决书号 | | 判决机关 | | 判决日期 | | | | | |
| 罪名 | | 刑种 | | | | | | | |
| 原判刑期 | | 刑期起止 | 自 年 月 日起<br>至 年 月 日止 | 附加刑 | 自 年 月 日起<br>至 年 月 日止 | | | | |
| 刑期变动 | | | | | | | | | |
| 奖惩情况 | | | | | | | | | |
| 社区矫正期限 | | 解除矫正原因 | | | | | | | |
| 个人简历 | | | | | | | | | |
| 家庭主要成员姓名、职业及政治面貌 | | | | | | | | | |

(续上表)

| | |
|---|---|
| 矫正期间表现 | |
| 奖惩情况 | |
| 司法所意见 | 签名<br>盖章 |
| 乡镇（街道）社区矫正工作机构意见 | 签名<br>盖章 |
| 县（市、区）社区矫正工作机构审批意见 | 签名<br>盖章 |

说明：此表一式两份，一份司法所留存，一份县（市、区）社区矫正工作机构留存。

# 解除社区矫正宣告书

根据《中华人民共和国刑法》、××省××市社区矫正试点工作有关规定，矫正对象________于____年____月____日在________市________县（市、区）________街道（乡、镇）社区接受社区矫正。现矫正期已满，按有关规定予以解除社区矫正。

特此宣告

________________司法所（公章）

**宣告人（签名）：** **年　　月　　日**

**矫正对象（签名）：** **年　　月　　日**